ッキーとまなぶ

まいぜんシスターズの四《よ》字《じ》熟《じゅく》語《ご》

監修／深谷圭助
漫画／タナカタケシ

はじめに

「マインクラフト（マイクラ）」は、コンピュータの画面《がめん》の中《なか》で、想像《そうぞう》の中《なか》の世界《せかい》をさまざまなアイテムを駆使《くし》しながら作《つく》ることを楽《たの》しめるゲームです。マインクラフトの「マイン」は「ほりだすこと、宝庫《ほうこ》」、「クラフト」は「手作《てづく》りによる工芸品《こうげいひん》」という意味《いみ》です。

マイクラでは、パソコンのディスプレイの中《なか》でブロックを組《く》み合《あ》わせて、どんなものでも作《つく》ることができます。そしてさまざまな動《うご》き方《かた》を、作《つく》ったものにあたえることもできます。「自由《じゆう》な発想《はっそう》を実現《じつげん》できる夢《ゆめ》の世界《せかい》」とも言《い》えます。世界《せかい》でもっとも広《ひろ》く知《し》られ、受《う》けいれられているゲームが「マイクラ」なのです。

このマイクラのゲーム実況《じっきょう》を、ふたりのキャラクターがゲームの中《なか》で行《おこな》うユーチューブチャンネルが「まいぜんシスターズ」です。マイクラの世界《せかい》で、ぜんいちとマイッキーのふたりはさまざ

まな冒険《ぼうけん》をします。ちょっとお調子者《ちょうしもの》で、勝手《かって》なことをしてしまうマイッキーを助《たす》けるために、ぜんいちが得意《とくい》なゲーム能力《のうりょく》やプログラミング能力《のうりょく》を駆使《くし》するというストーリーで、まいぜんシスターズのゲーム実況《じっきょう》は展開《てんかい》されます。つまり、マイクラが生《う》み出《だ》した「冒険《ぼうけん》の世界《せかい》」での遊《あそ》び方《かた》をふたりが実況《じっきょう》するのです。

冒険《ぼうけん》のとちゅうで、ぜんいちとマイッキーは、ヒヤヒヤするトラブルにまきこまれたり、ドキドキするスリリングな体験《たいけん》をしたり、ワクワクするようなうれしい出来事《できごと》に出会《であ》ったりします。そうしたストーリーの中《なか》で、ふたりの口《くち》から出《で》る「四字熟語《よじじゅくご》」は、なかなか気《き》の利《き》いた言葉《ことば》の言《い》い回《まわ》し方《かた》で、味《あじ》わい深《ぶか》いものです。

まいぜんシスターズを視聴《しちょう》していると、むずかしい熟語《じゅくご》がつかわれていることに気《き》づきます。本書《ほんしょ》は、そんなまいぜんシスターズの世界観《せかいかん》を大切《たいせつ》にしながら、「四字熟語《よじじゅくご》」を学《まな》べるように内容《ないよう》・構成《こうせい》を工夫《くふう》しています。本書《ほんしょ》を通《とお》して、子《こ》どもたちが、楽《たの》しく「四字熟語《よじじゅくご》」の勉強《べんきょう》ができたらと思《おも》っています。

中部大学教授《ちゅうぶだいがくきょうじゅ》　深谷圭助《ふかやけいすけ》

もくじ

★本書では、四字熟語以外は、基本的に小学校３年生までに習う漢字をつかっております。ただし読みやすさを優先して漢字を使用している言葉もあり、すべての漢字にふりがなをつけております。

この本《ほん》のつかい方《かた》

言葉《ことば》のつかい方《かた》

そのページの言葉《ことば》をつかった例文《れいぶん》です。

関連《かんれん》する言葉《ことば》

同はそのページの言葉《ことば》と同《おな》じ意味《いみ》の言葉《ことば》を、似は似《に》た意味《いみ》の言葉《ことば》を、対は反対《はんたい》の意味《いみ》の言葉《ことば》を、それぞれしめしています。四字熟語《よじじゅくご》以外《いがい》の関連《かんれん》する言葉《ことば》もしょうかいしています。

言葉《ことば》の意味《いみ》

その言葉《ことば》の意味《いみ》を解説《かいせつ》しています。

四字熟語《よじじゅくご》4コマ

ぜんいちとマイッキーが言葉《ことば》のつかい方《かた》を見《み》せてくれます。

ぜんいち＆マイッキーのひとこと

ぜんいちとマイッキーが豆知識《まめちしき》やふたりの思《おも》い出《で》を教《おし》えてくれます。

ツメ

そのページの言葉《ことば》の一字目《いちじめ》をしめしています。

コラムページもあるよ！

他《ほか》にもたくさんの四字熟語《よじじゅくご》をテーマ別《べつ》にしょうかいしています。

あ

悪《あく》戦《せん》苦《く》闘《とう》

意《い》味《み》

手《て》ごわい相手《あいて》と死《し》にものぐるいでたたかうこと。その苦《くる》しいたたかい。また、苦《くる》しみながら努力《どりょく》すること。

関連《かんれん》する言葉《ことば》

似 四苦八苦《しくはっく》　苦心惨憺《くしんさんたん》

つかい方《かた》

タイムリープをくりかえし、悪戦苦闘《あくせんくとう》のすえに悪魔《あくま》のふういんに成功《せいこう》した！

たたかわなくても、困難《こんなん》な状況《じょうきょう》の中《なか》で苦《くる》しみながら努力《どりょく》するときにもつかえるよ

だってがんばったもん

そいつは
おそろしい鳴《な》き声《ごえ》で
とびまわり
するどい攻撃《こうげき》を
くりだして
きたんだけど
悪戦苦闘《あくせんくとう》のすえ
見事《みごと》たおしたんだよ！
それって
この
ニワトリの
こと？

あ

暗中模索《あんちゅうもさく》

意《い》味《み》

手《て》がかりがない状態《じょうたい》で、いろいろとためしながらやってみること。

関連《かんれん》する言葉《ことば》

似 五里霧中《ごりむちゅう》　試行錯誤《しこうさくご》

おかげで、巨大《きょだい》なタコ、ホエールイーターを見《み》つけられたね！
Lantern
O_2 135

つかい方《かた》

ホエールイーターはどこにいるんだろう？　暗中模索《あんちゅうもさく》で、沈没船《ちんぼつせん》や海底神殿《かいていしんでん》の中《なか》をさがし回《まわ》っている。

意《い》気《き》消《しょう》沈《ちん》

意《い》味《み》

がっかりして元《げん》気《き》がなくなること。

関《かん》連《れん》する言《こと》葉《ば》

似　失《しつ》望《ぼう》落《らく》胆《たん》

対　意《い》気《き》揚《よう》々《よう》　意《い》気《き》軒《けん》昂《こう》　意《い》気《き》衝《しょう》天《てん》

このときは、どうなることかと思《おも》ったよ

つかい方《かた》

ゾンビにかこまれてしまってシェルターににげこんだよ。食料《しょくりょう》がのこり少《すく》なくなり、みんな**意《い》気《き》消《しょう》沈《ちん》**している。

い

意《い》気《き》投《とう》合《ごう》

意《い》味《み》

おたがいに気持《きも》ちや考《かんが》えがぴったり合《あ》うこと。

関連《かんれん》する言葉《ことば》

似　情《じょう》意《い》投合《とうごう》

ホエールイーターはこわ〜いタコだけど、負《ま》けないもんね！

つかい方《かた》

「村《むら》をおそったホエールイーターをたおしたい」と言《い》う村人《むらびと》くんと**意気投合《いきとうごう》**！　3人《にん》で調査《ちょうさ》に出発《しゅっぱつ》するぞ。

異口同音《いくどうおん》

意味《いみ》

多《おお》くの人《ひと》が口《くち》をそろえて同《おな》じことを言《い》うこと。

関連《かんれん》する言葉《ことば》

似 満場一致《まんじょういっち》

対 賛否両論《さんぴりょうろん》

「いこうどうおん」とも言《い》うんだって

「異口《いく》」は、多《おお》くの人《ひと》の口《くち》、っていう意味《いみ》だよ

つかい方《かた》

みんなが異口同音《いくどうおん》に「巨大《きょだい》でおそろしい生物《せいぶつ》だ」と言《い》うホエールイーターがついにあらわれたぞ。

以《い》心《しん》伝《でん》心《しん》

意味《いみ》

文字《もじ》や言葉《ことば》をつかわなくても、おたがいの考《かんが》えや気持《きも》ちが伝《つた》わること。

言葉《ことば》で説明《せつめい》しなくても、
タイミング
ぴったりだったね！

つかい方《かた》

ぜんいちがおびきよせたミュータントゾンビを、マイッキーがタイミングよく落《お》とし穴《あな》に落《お》とした。ふたりは以心伝心《いしんでんしん》だ。

い

一《いち》期《ご》一《いち》会《え》

意《い》味《み》

一生《いっしょう》に一度《いちど》だけの大切《たいせつ》な出会《であ》いや機会《きかい》のこと。

関連《かんれん》する言葉《ことば》

似 千載一遇《せんざいいちぐう》

もとは茶道《さどう》の言葉《ことば》なんだって！

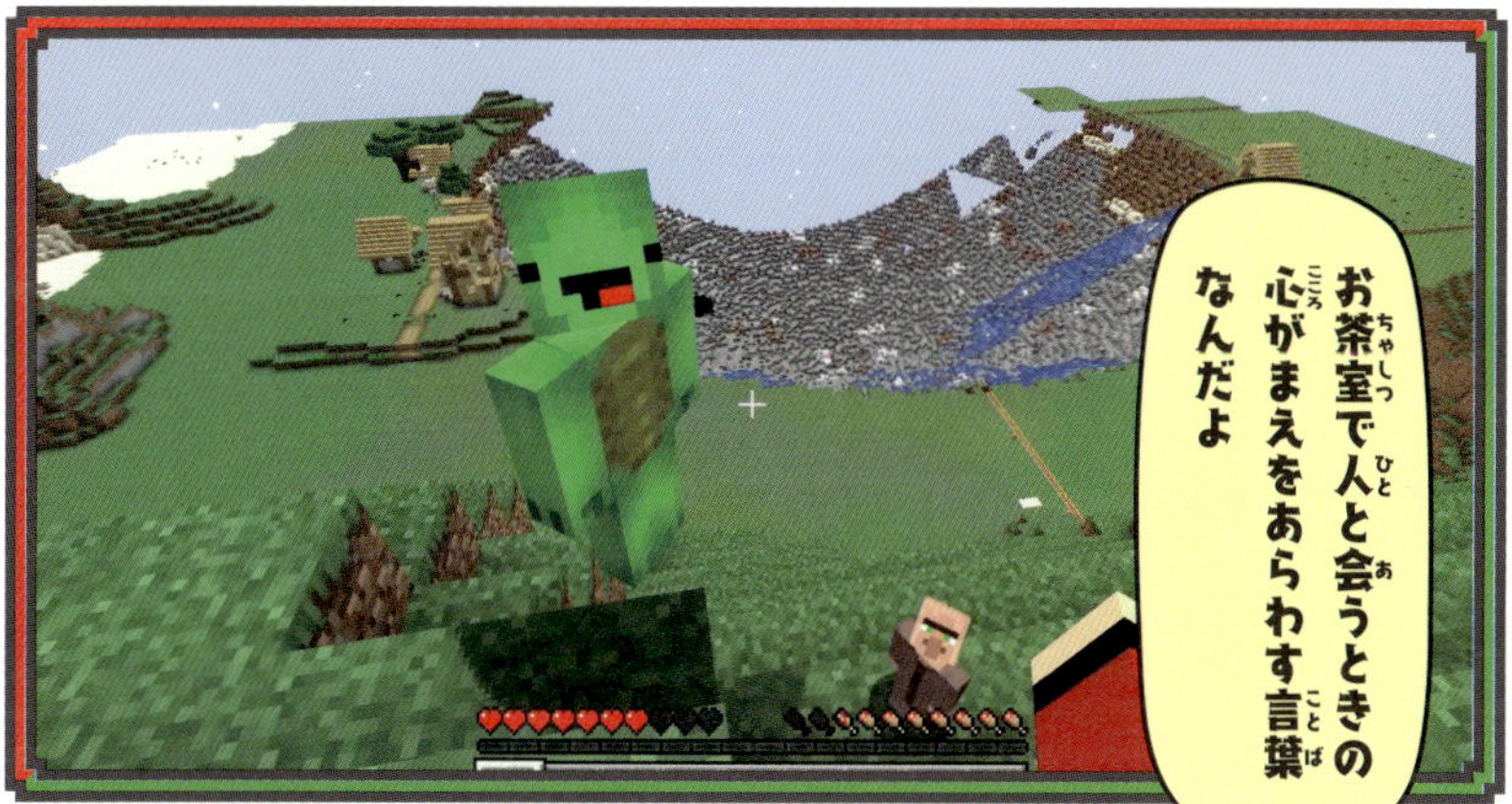

お茶室《ちゃしつ》で人《ひと》と会《あ》うときの心《こころ》がまえをあらわす言葉《ことば》なんだよ

つかい方《かた》

トロッコの線路《せんろ》がこわれていたのを、村人《むらびと》くんが直《なお》してくれて脱出《だっしゅつ》できた！　村人《むらびと》くんとの**一期一会**《いちごいちえ》の出会《であ》いに感謝《かんしゃ》！

一日千秋《いちじつせんしゅう》

意味《いみ》

早《はや》く実現《じつげん》しないかと、とても待《ま》ち遠《どお》しく思《おも》えることのたとえ。「一日千秋《いちじつせんしゅう》の思《おも》い」という形《かたち》でつかうことが多《おお》い。

関連《かんれん》する言葉《ことば》

似　一日三秋《いちじつさんしゅう》

「いちにちせんしゅう」とも言《い》うよ

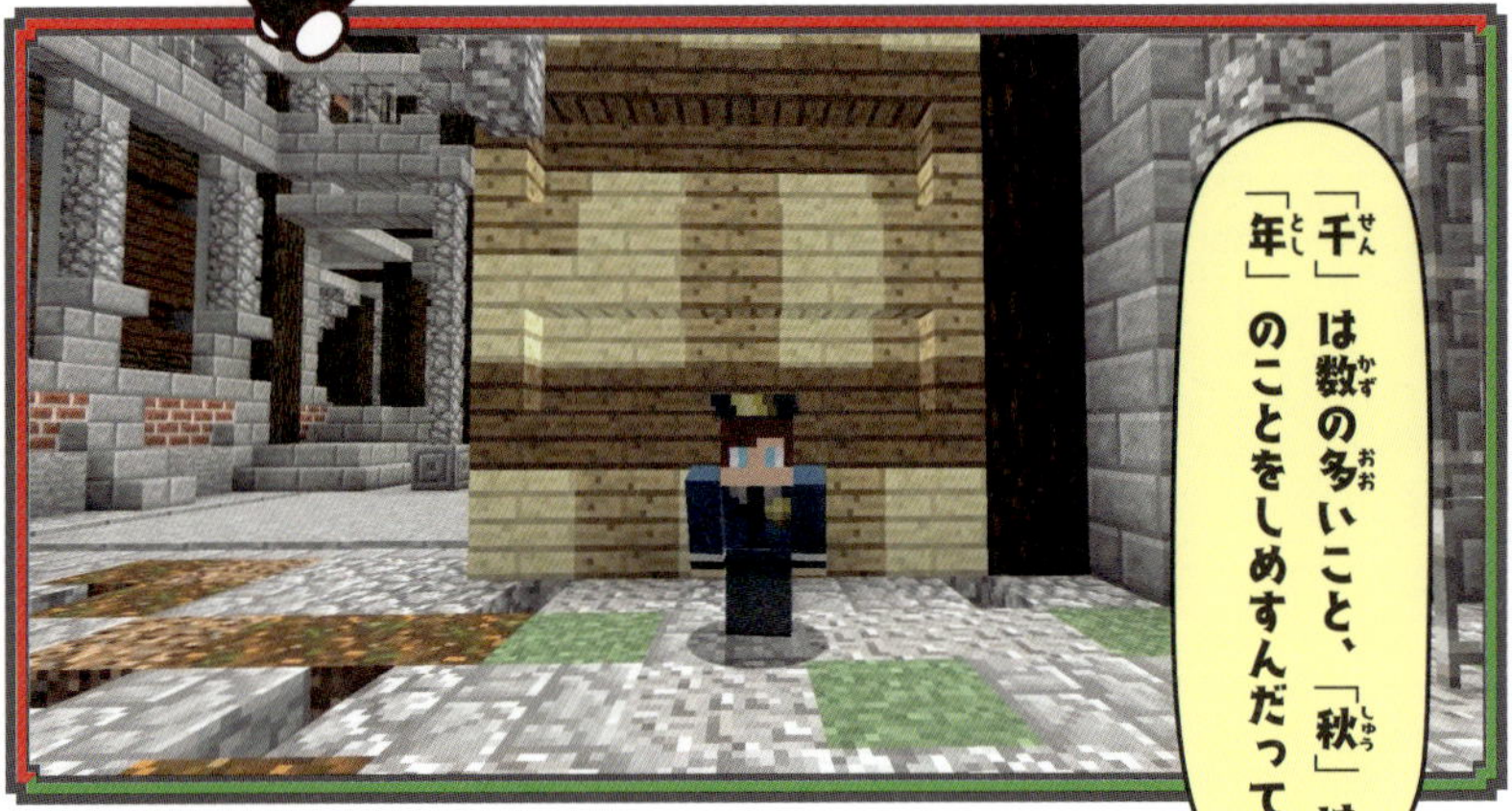

「千《せん》」は数《かず》の多《おお》いこと、「秋《しゅう》」は「年《とし》」のことをしめすんだって

つかい方《かた》

ぜんいちは、無実《むじつ》の罪《つみ》でつかまってしまい、脱獄《だつごく》のチャンスを**一日《いちじつ》千秋《せんしゅう》**の思《おも》いで待《ま》っていた。
さあ、へんそうしてにげるぞ！

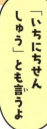

一念発起《いちねんほっき》

意《い》味《み》

意味《いみ》のあることをなしとげようと、かたく心《こころ》にちかうこと。何《なに》かをなしとげようと決心《けっしん》したときにつかう。

関連《かんれん》する言葉《ことば》

似 緊褌一番《きんこんいちばん》

「発《はっ》」を「ほっ」と読《よ》むのは古《ふる》い読《よ》み方《かた》だよ

つかい方《かた》

「海《うみ》にもぐってホエールイーターをやっつけよう！」と一念《いちねん》発起《ほっき》。せん水服《すいふく》にきがえて、じゅんびはかんぺきだ。

い

一《いち》望《ぼう》千《せん》里《り》

意《い》味《み》

広《ひろ》い景色《けしき》をひと目《め》で見《み》わたせること。広々《ひろびろ》として見晴《みは》らしがいいこと。

「千《せん》」は多《おお》いという意味《いみ》で、「千里《せんり》」は長《なが》いきょりをあらわしているよ

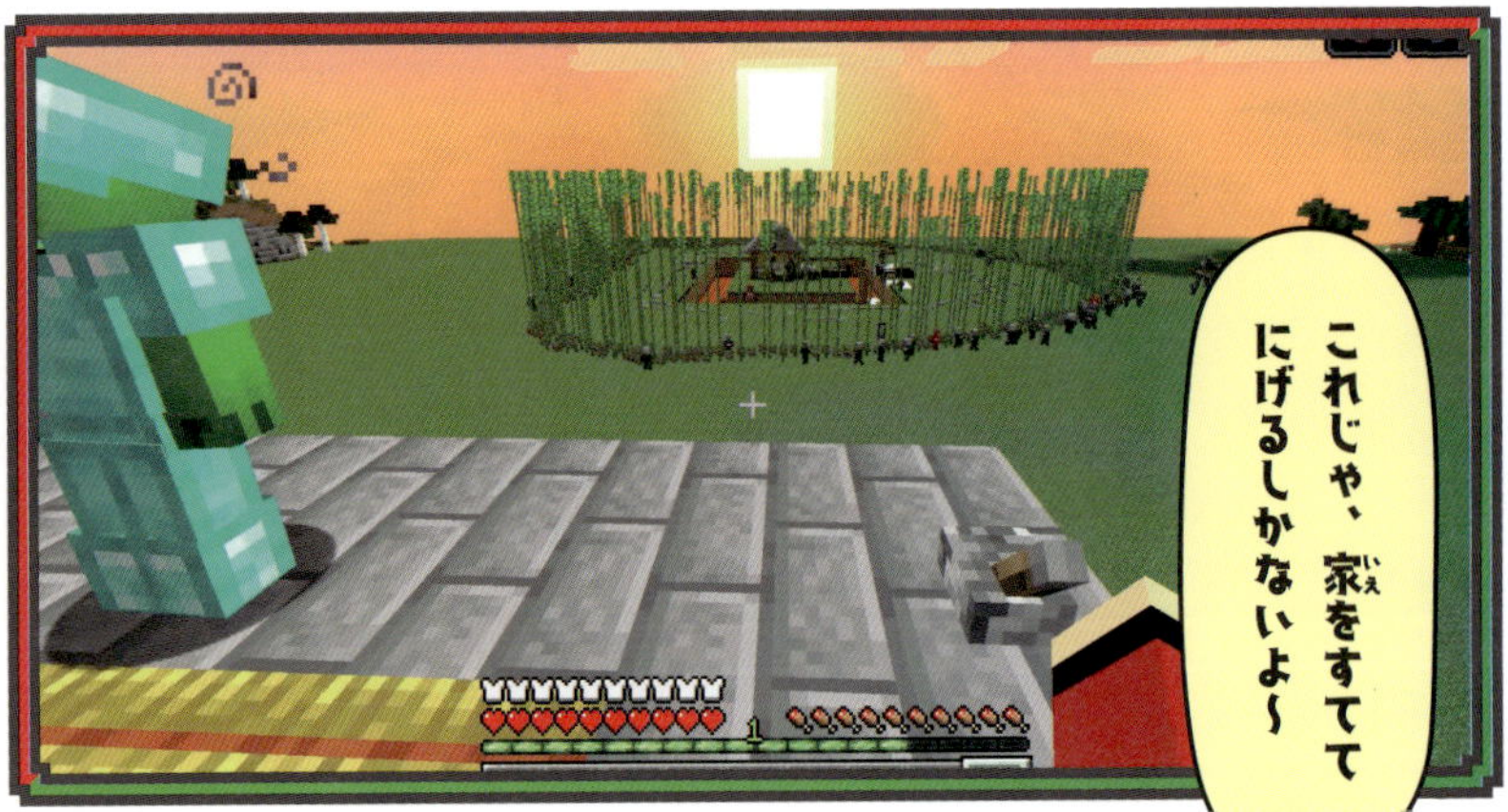

これじゃ、家《いえ》をすててにげるしかないよ〜

つかい方《かた》

見晴《みは》らし台《だい》からは、**一望千里《いちぼうせんり》**のながめでよく見《み》わたせる。なんと、家《いえ》が敵《てき》にかこまれてしまっているぞ！

い

一網打尽《いちもうだじん》

意味《いみ》

一度《いちど》に全部《ぜんぶ》つかまえること。とくに悪人《あくにん》の一味《いちみ》や犯罪者《はんざいしゃ》などにつかう。

もとは、ひとつのあみで魚《さかな》を一《いっ》ぴきのこらずとってしまうという意味《いみ》だよ

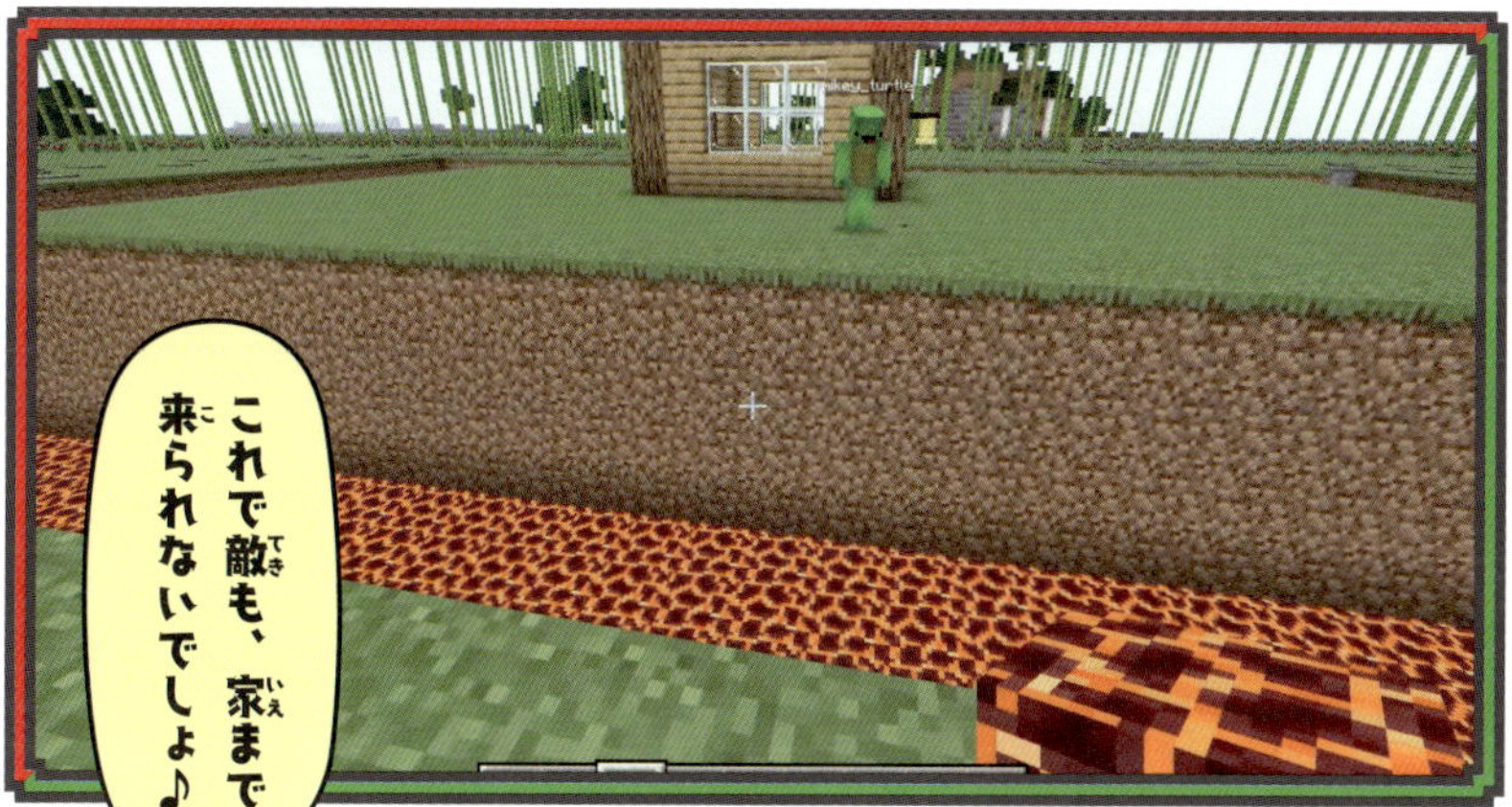

これで敵《てき》も、家《いえ》まで来《こ》られないでしょ♪

つかい方《かた》

マグマブロックで家《いえ》のまわりをぐるりとかこんだぞ。敵《てき》がおそってきても、黒《くろ》こげになって**一網打尽**《いちもうだじん》のはずだ。

い

一目瞭然《いちもくりょうぜん》

意味《いみ》

ひと目《め》見《み》ただけで、はっきりわかること。

つかい方《かた》

マイッキーがガチャでひいた「アメの剣《けん》」は、戦闘力《せんとうりょく》ゼロでハズレなのは一目瞭然《いちもくりょうぜん》だった。でもおいしかったみたい。

けっきょく、勝負《しょうぶ》は
ぼくが勝《か》ったんだけどね

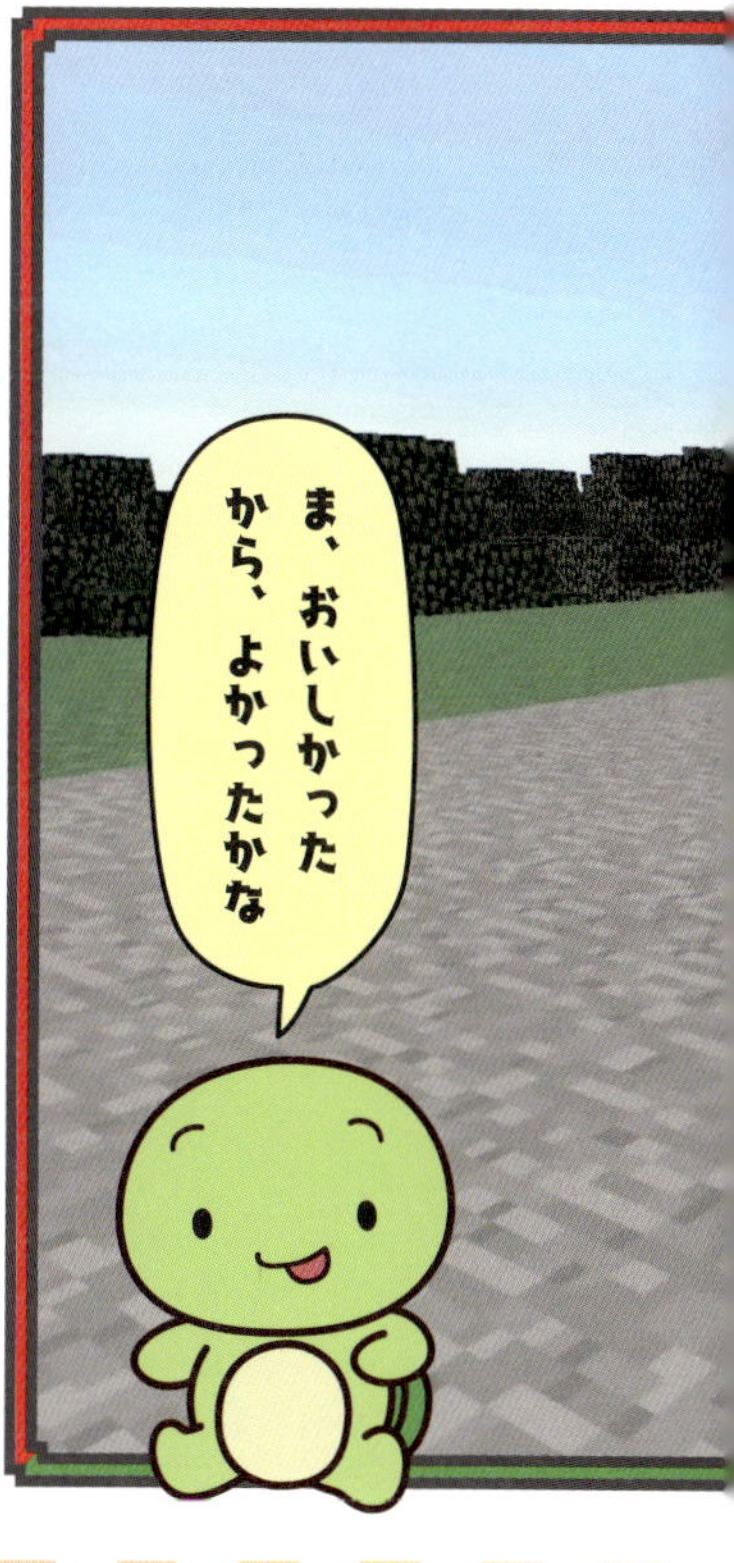
ま、おいしかった
から、よかったかな

べんりだけどね！

ぜんいちくん かくれんぼ しようよ！
いいよ じゃあぼくが オニやるね
じつはかくれるのに ぴったりな洞窟《どうくつ》を 見《み》つけたんだ……
わあ！ 中《なか》はまっくらだ！
こんなときは たいまつだね
そこにいるのは 一目瞭然《いちもくりょうぜん》だよ マイッキー

一蓮托生《いちれんたくしょう》

意《い》味《み》

他《ほか》の人《ひと》と行動《こうどう》や運命《うんめい》をともにすること。

「一蓮《いちれん》」はひとつのハスの花《はな》の上《うえ》、っていう意味《いみ》だよ

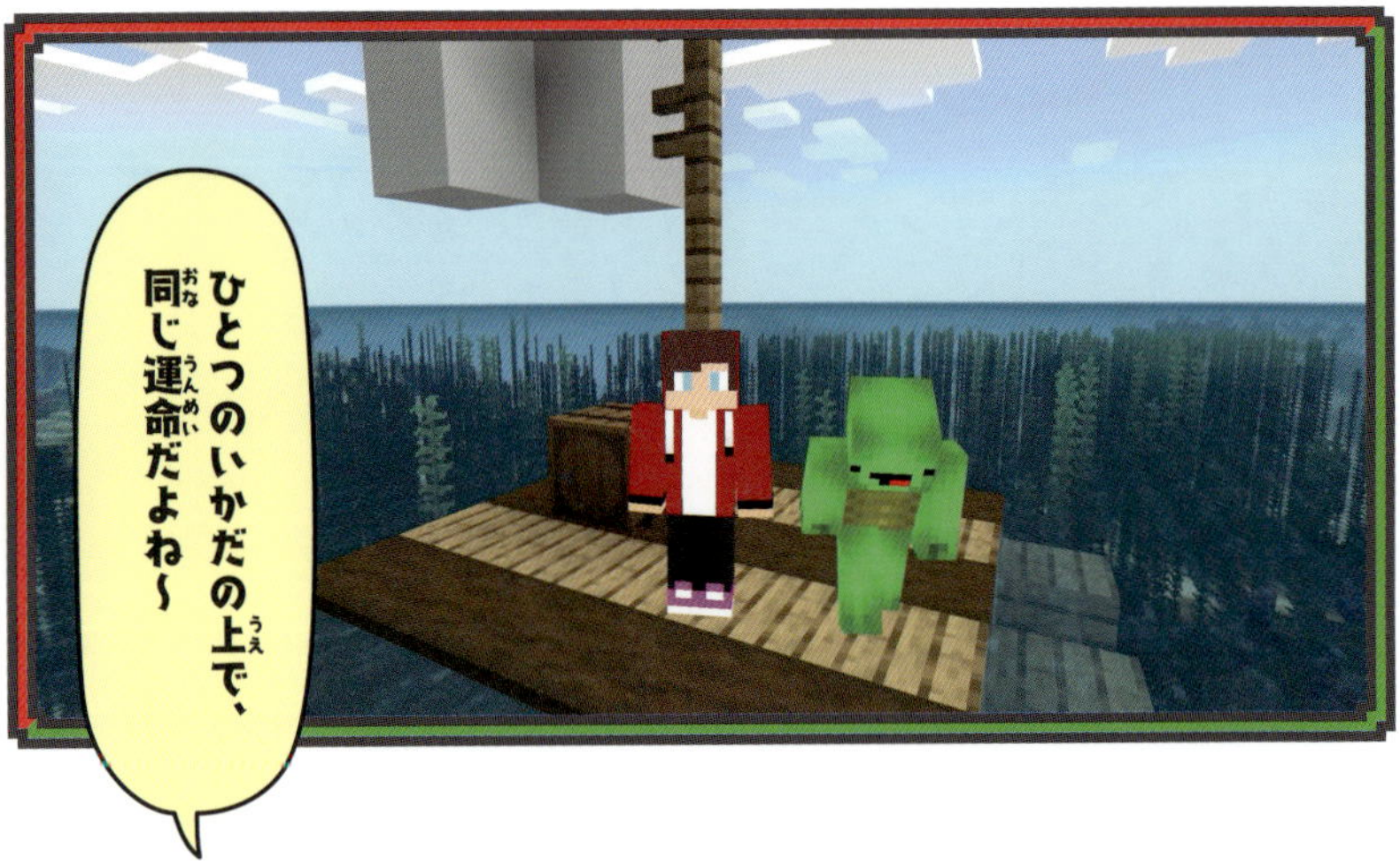
ひとつのいかだの上《うえ》で、同《おな》じ運命《うんめい》だよね～

つかい方《かた》

いかだで漂流《ひょうりゅう》するマイッキーとぜんいちは、**一蓮托生《いちれんたくしょう》**。力《ちから》を合《あ》わせて生《い》きのびるぞ！

一《いっ》攫《かく》千《せん》金《きん》

意《い》味《み》

楽《らく》をして一度《いちど》にたくさんのお金《かね》を手《て》に入《い》れること。

「一攫《いっかく》」は、一度《いちど》につかむこと、「千《せん》」はたくさんという意味《いみ》だよ

やった〜！ このときはラッキーだったなあ！

つかい方《かた》

ラッキーブロックをこわすと、いいことか悪《わる》いことのどちらかが起《お》こるんだ。金銀財宝《きんぎんざいほう》が出《で》て大当《おおあ》たり！ **一攫千金**《いっかくせんきん》のゆめがかなったよ。

一喜一憂《いっきいちゅう》

意味《いみ》

めまぐるしくかわる状況《じょうきょう》にともなって、よろこんだり心配《しんぱい》したりして落《お》ち着《つ》かないこと。

関連《かんれん》する言葉《ことば》

対 泰然自若《たいぜんじじゃく》

いいものが出《で》ると いいな～

つかい方《かた》

つぎのラッキーブロックから出《で》てくるのは、役《やく》に立《た》つアイテムかな？ それとも爆弾《ばくだん》かな？ **一喜一憂《いっきいちゅう》**しちゃうね。

い

一騎当千《いっきとうせん》

意味《いみ》

ひとりで、たくさんの敵《てき》とたたかえるほど、人《ひと》なみはずれて強《つよ》いこと。

関連《かんれん》する言葉《ことば》

似 一人当千《いちにんとうせん》

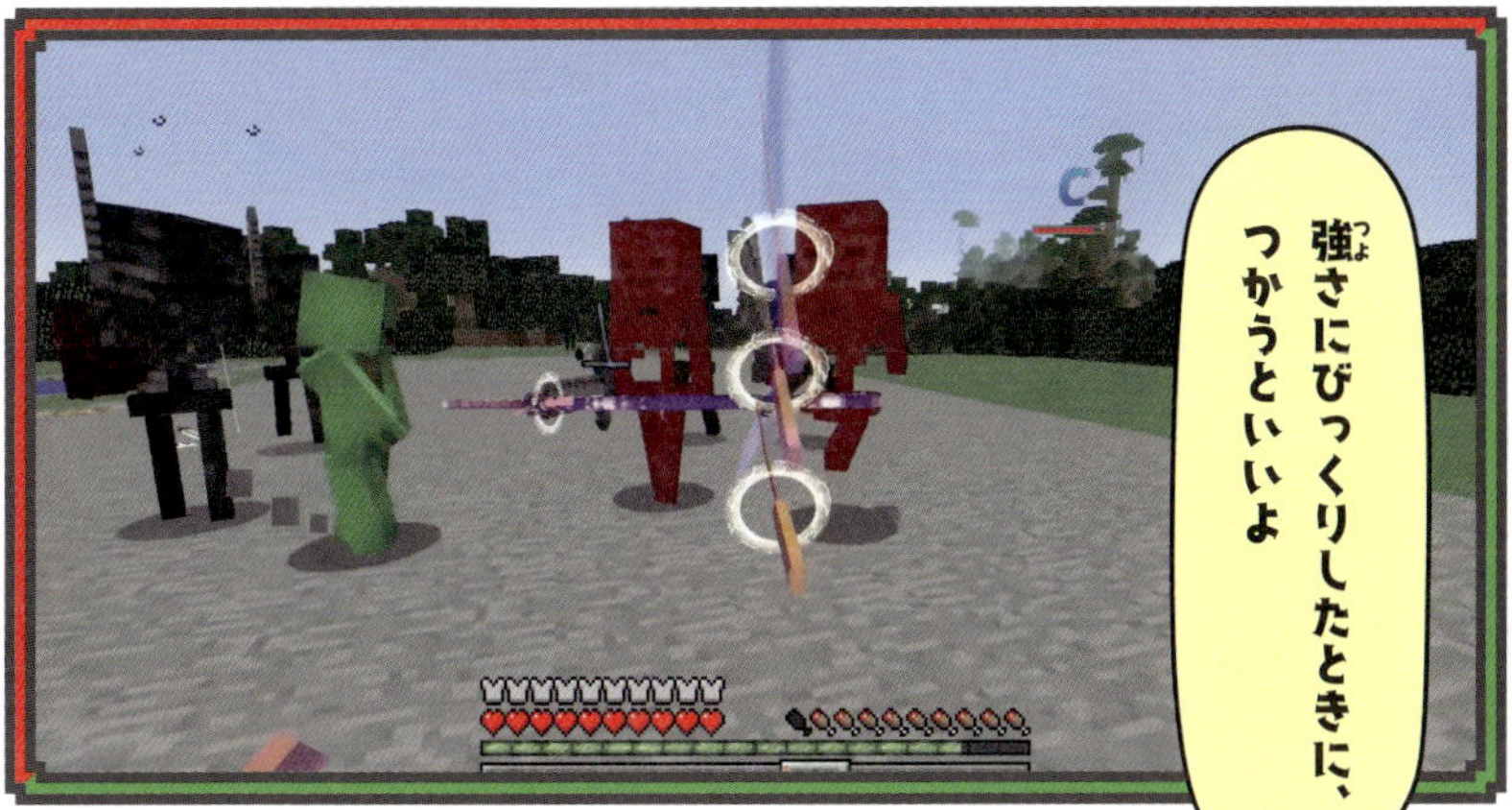

強《つよ》さにびっくりしたときに、つかうといいよ

つかい方《かた》

最強《さいきょう》の刀《かたな》で、強敵《きょうてき》、ウィザースケルトンを次々《つぎつぎ》たおすマイッキーは、まさに一騎当千《いっきとうせん》だ。

一挙両得《いっきょりょうとく》

意《い》味《み》

ひとつの行《おこな》いによって、ふたつの利益《りえき》を得《え》ること。

関連《かんれん》する言葉《ことば》

似 一石二鳥《いっせきにちょう》

対 虻蜂取《あぶはちと》らず

対 二兎《にと》を追《お》う者《もの》は一兎《いっと》をも得《え》ず

つかい方《かた》

バナナの木《き》を育《そだ》てると、バナナ食《た》べ放題《ほうだい》になる上《うえ》に、木材《もくざい》にもつかえるので、**一挙両得《いっきょりょうとく》**だ。たくさんバナナの苗《なえ》を植《う》えよう。

一生懸命《いっしょうけんめい》

意味《いみ》

熱心《ねっしん》にがんばる様子《ようす》。

関連《かんれん》する言葉《ことば》

似 一意専心《いちいせんしん》　一心不乱《いっしんふらん》　粉骨砕身《ふんこつさいしん》

命《いのち》がけで土地《とち》を守《まも》るという意味《いみ》の「一所懸命《いっしょけんめい》」の「所《しょ》」を「しょう」と、のばして言《い》うようになって、できた言葉《ことば》だよ

つかい方《かた》

たくさんのゾンビと**一生懸命《いっしょうけんめい》**たたかって、とうとうゾンビの石像《せきぞう》にたどり着《つ》いた。これをこわせば、ゾンビたちは消《き》えるぞ。

数字《すうじ》が入《はい》った四字熟語《よじじゅくご》

四字熟語《よじじゅくご》には、数字《すうじ》が入《はい》ったものがたくさんあるよ。こんな言葉《ことば》も知《し》ってるかな？

一言半句《いちごんはんく》

ほんのわずかな言葉《ことば》。

一刻千金《いっこくせんきん》

すぎてしまうのがおしいような、楽《たの》しい時間《じかん》や大切《たいせつ》な時間《じかん》。

一部始終《いちぶしじゅう》

始《はじ》めから終《お》わりまで、すべて。

一世一代《いっせいちだい》

一生《いっしょう》のうちで、ただ一度《いちど》しかないほど値《ね》打《う》ちがあること。また、一生《いっしょう》のうちで一度《いちど》だけのこと。

二律背反《にりつはいはん》

ふたつとも正《ただ》しいが、たがいに矛盾《むじゅん》・対立《たいりつ》して両立《りょうりつ》しないこと。

一挙一動《いっきょいちどう》

ひとつひとつの体《からだ》の動《うご》きや行《おこな》い。

どこかふしぎなキャリーちゃん。一挙一動《いっきょいちどう》から目《め》がはなせない！

三々五々《さんさんごご》

人《ひと》が数人《すうにん》で行動《こうどう》する様《よう》子《す》。

三位一体《さんみいったい》

三《みっ》つのものが、むすびついてひとつになる。また、三《さん》人《にん》が心《こころ》を合《あ》わせて協力《きょうりょく》すること。

三寒四温《さんかんしおん》

冬《ふゆ》に、三日《みっか》ほど寒《さむ》い日《ひ》がつづいた後《あと》、四日《よっか》ほどあたたかい日《ひ》がつづき、これがくりかえされる天候《てんこう》。

四六時中《しろくじちゅう》

一日中《いちにちじゅう》。いつでもずっと。

一《いっ》触《しょく》即《そく》発《はつ》

意《い》味《み》

ちょっとしたきっかけで大変《たいへん》な事態《じたい》になりそうな、きけんな様子《ようす》のこと。

関連《かんれん》する言葉《ことば》

似 危機一髪《ききいっぱつ》　間一髪《かんいっぱつ》　瀬戸際《せとぎわ》

もとは、少《すこ》しさわっただけで爆発《ばくはつ》するという意味《いみ》だよ

つかい方《かた》

おそろしいミュータントカマキリが、家《いえ》の近《ちか》くまでせまってきた！一触即発《いっしょくそくはつ》の緊張感《きんちょうかん》が走《はし》る。セキュリティを強化《きょうか》してむかえうつぞ！

一《いっ》進《しん》一《いっ》退《たい》

意《い》味《み》

進《すす》んだり、もとにもどったりすること。また、情勢《じょうせい》がよくなったり悪《わる》くなったりすること。

おすもうさん、おなかがすいてあばれているのかな？

つかい方《かた》

あばれるおすもうさんを止《と》めようとするけれど、セキュリティで食《く》い止《と》めたかと思《おも》うと突破《とっぱ》され、事態《じたい》は**一進一退《いっしんいったい》**だ。

一心同体《いっしんどうたい》

意味《いみ》

人《ひと》と人《ひと》との心《こころ》が、ぴったりとひとつになって強《つよ》くむすびつくこと。

関連《かんれん》する言葉《ことば》

似 異体同心《いたいどうしん》　二人三脚《ににんさんきゃく》

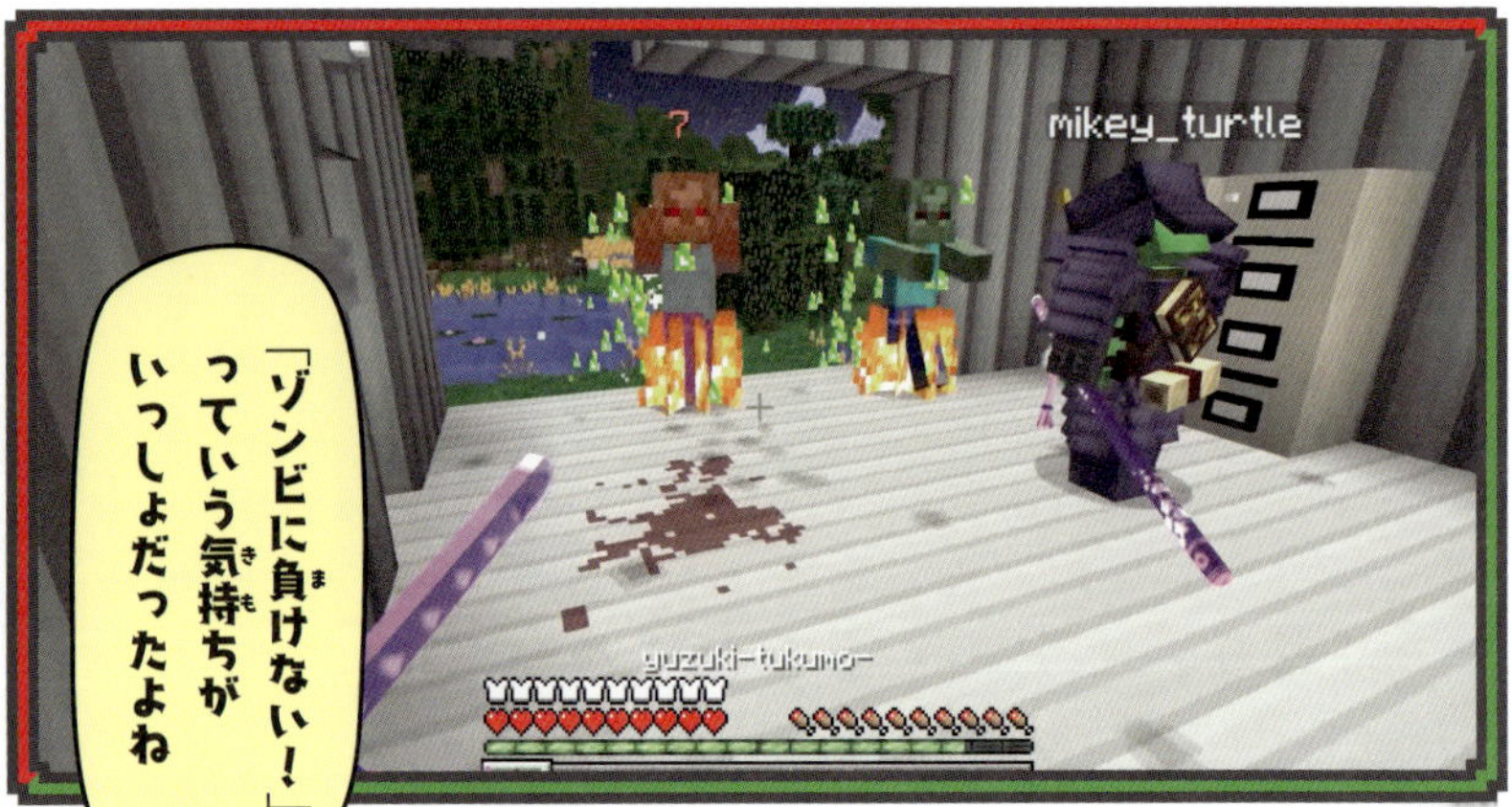

「ゾンビに負《ま》けない！」っていう気持《きも》ちがいっしょだったよね

つかい方《かた》

ゾンビだらけの島《しま》で、力《ちから》を合《あ》わせてたたかうマイッキーとぜんいち。ふたりは、まさに一心同体《いっしんどうたい》だね。

一心不乱《いっしんふらん》

意味《いみ》

ひとつのことに心《こころ》が集中《しゅうちゅう》して、他《ほか》のことにみだされないこと。

関連《かんれん》する言葉《ことば》

似 一意専心《いちいせんしん》　一生懸命《いっしょうけんめい》　無我夢中《むがむちゅう》

このときのマイッキーの集中力《しゅうちゅうりょく》は、すごかったね

つかい方《かた》

マイッキーは大量《たいりょう》のダイヤモンド鉱石《こうせき》を見《み》つけて、一心不乱《いっしんふらん》につるはしでほった。21こもゲットしたぞ。

い

一石二鳥《いっせきにちょう》

意味《いみ》

ひとつのことをして、ふたつの得《とく》をすること。

関連《かんれん》する言葉《ことば》

似 一挙両得《いっきょりょうとく》

対 虻蜂取《あぶはちと》らず

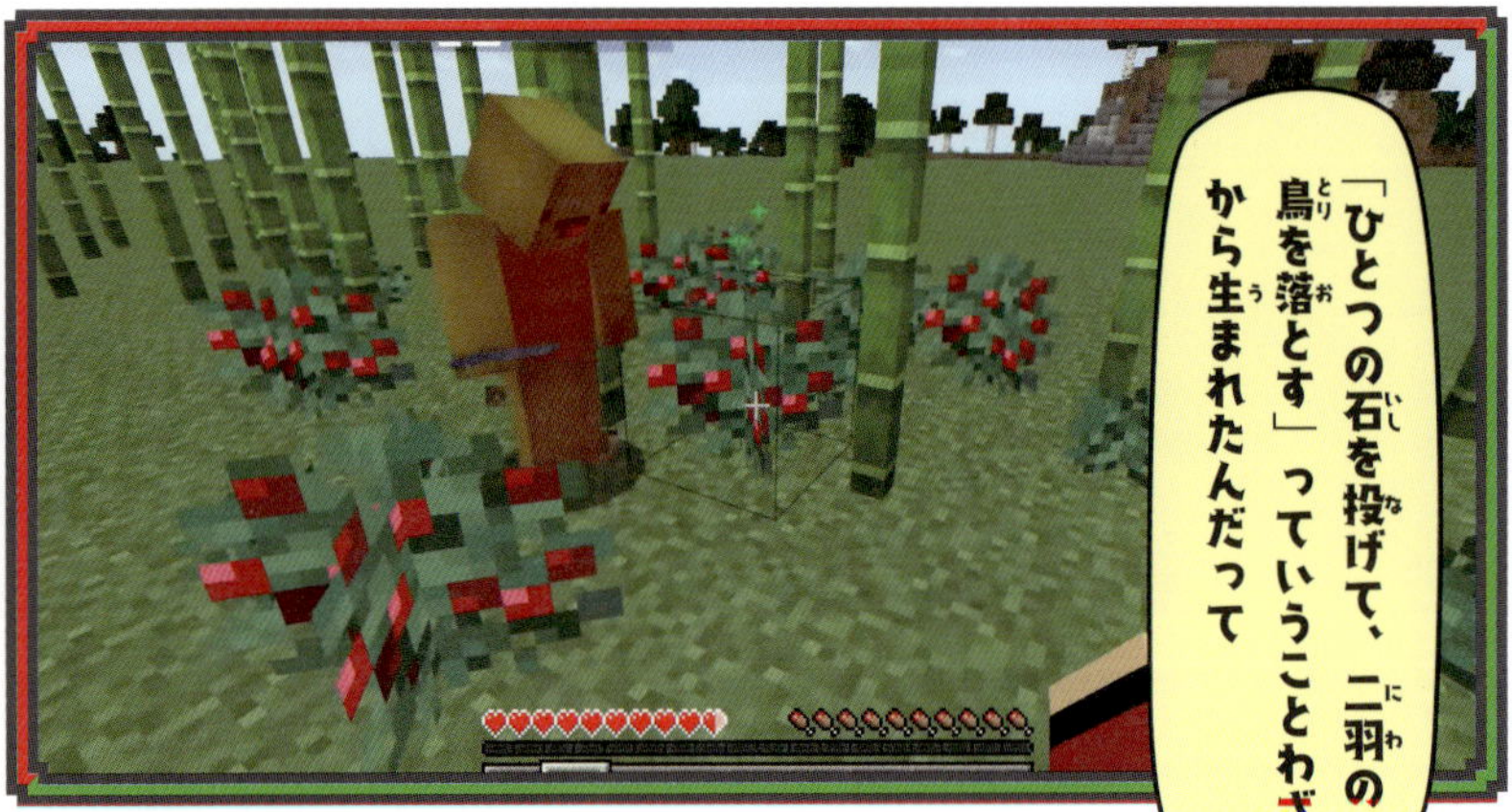

「ひとつの石《いし》を投《な》げて、二羽《にわ》の鳥《とり》を落《お》とす」っていうことわざから生《う》まれたんだって

つかい方《かた》

スイートベリーは食《た》べておいしい上《うえ》に、いたいトゲがあって敵《てき》の侵入《しんにゅう》をふせぐので、植《う》えておくと一石二鳥《いっせきにちょう》だ。

一朝一夕《いっちょういっせき》

意《い》味《み》

わずかな間《あいだ》。とても短《みじか》い時間《じかん》のたとえ。

「一朝一夕《いっちょういっせき》にはできない」など、後《あと》に打消《うちけ》しの言葉《ことば》がくるよ

つかい方《かた》

小《ちい》さないかだの上《うえ》に、ふたりでこつこつと居場所《いばしょ》を広《ひろ》げてきた。くつろげるすみかは**一朝一夕《いっちょういっせき》**にはできないね。

一《いっ》長《ちょう》一《いっ》短《たん》

意味《いみ》

よい面《めん》もあるが、悪《わる》い面《めん》もあること。

関連《かんれん》する言葉《ことば》

似　一利一害《いちりいちがい》　一得一失《いっとくいっしつ》

「長《ちょう》」は長所《ちょうしょ》、「短《たん》」は短所《たんしょ》のことなんだって

つかい方《かた》

ロケットランチャーとミサイルで敵《てき》をたおせたけれど、村《むら》が壊滅状態《かいめつじょうたい》になってしまったよ。強力《きょうりょく》すぎる武器《ぶき》は**一長一短《いっちょういったん》**だね。

一刀両断《いっとうりょうだん》

意味《いみ》

きっぱりと思《おも》いきって、さっさとやる様子《ようす》。

関連《かんれん》する言葉《ことば》

似 快刀乱麻《かいとうらんま》

刀《かたな》をひとふりして真《ま》っぷたつに切《き》るっていう意味《いみ》からだよ

つかい方《かた》

マイッキーはレースに勝《か》とうとして、かべでじゃまをしたけど、ぜんいちが一刀両断《いっとうりょうだん》！　ためらわずにかべを爆破《ばくは》したよ。

意《い》味《み》深《しん》長《ちょう》

意《い》味《み》

言葉《ことば》や動作《どうさ》のうらに、深《ふか》い意《い》味《み》がかくれている様子《ようす》。

つかい方《かた》

マイッキーはレースに不利《ふり》な船《ふね》なのに、「ぼく、勝《か》てるよ」と、意《い》味《み》深長《しんちょう》なことを言《い》う。何《なに》かたくらんでいるのかも。

でも、ぜんいちくんに見《み》やぶられて爆破《ばくは》されちゃったー

い

ああ、よかった

ぼくの うちで遊《あそ》ぶ? あとでなら いいけど……
意《い》味《み》深《しん》長《ちょう》な 言《い》い方《かた》だったなあ
本当《ほんとう》は来《き》て ほしくないのかな?
トラップを しかけられて たりして……
いつもありがとう
サプライズ パーティーの 準備《じゅんび》をしてたんだ!

マイッキー、このときは こっそり地雷《じらい》をしかけて いたよね

因果応報《いんがおうほう》

意味《いみ》

行《おこな》いがよいか悪《わる》いかで、かならずそれにおうじた結果《けっか》があるということ。

関連《かんれん》する言葉《ことば》

似 自業自得《じごうじとく》

似 身《み》から出《で》た錆《さび》

ダメって言《い》われると、やりたくなっちゃう～

つかい方《かた》

「行《い》かないほうがいい」と言《い》われたのに火薬庫《かやくこ》に入《はい》ったマイッキー。爆発《ばくはつ》でふきとばされたのは因果応報《いんがおうほう》、と言《い》ったらかわいそうかな。

う

右《う》往《おう》左《さ》往《おう》

意《い》味《み》

どうしてよいかわからず、あっちへ行《い》ったりこっちへ行《い》ったりしてうろたえること。

関《かん》連《れん》する言《こと》葉《ば》

似 周章狼狽《しゅうしょうろうばい》

右《みぎ》へ行《い》ったり左《ひだり》へ行《い》ったりする、っていう意《い》味《み》からだよ

つかい方《かた》

最強《さいきょう》の敵《てき》、ホエールイーターにはTNT《ティーエヌティー》キャノンもきかない！あせって右往左往《うおうさおう》している。

海千山千《うみせんやません》

意《い》味《み》

世《よ》の中《なか》のいろいろな経験《けいけん》をつみ、ものごとのうらも表《おもて》も知《し》りつくしている、ぬけ目《め》のない人《ひと》のこと。

関連《かんれん》する言葉《ことば》

似 千軍万馬《せんぐんばんば》　百戦錬磨《ひゃくせんれんま》

似 煮《に》ても焼《や》いても食《く》えない

似 一筋縄《ひとすじなわ》ではいかない

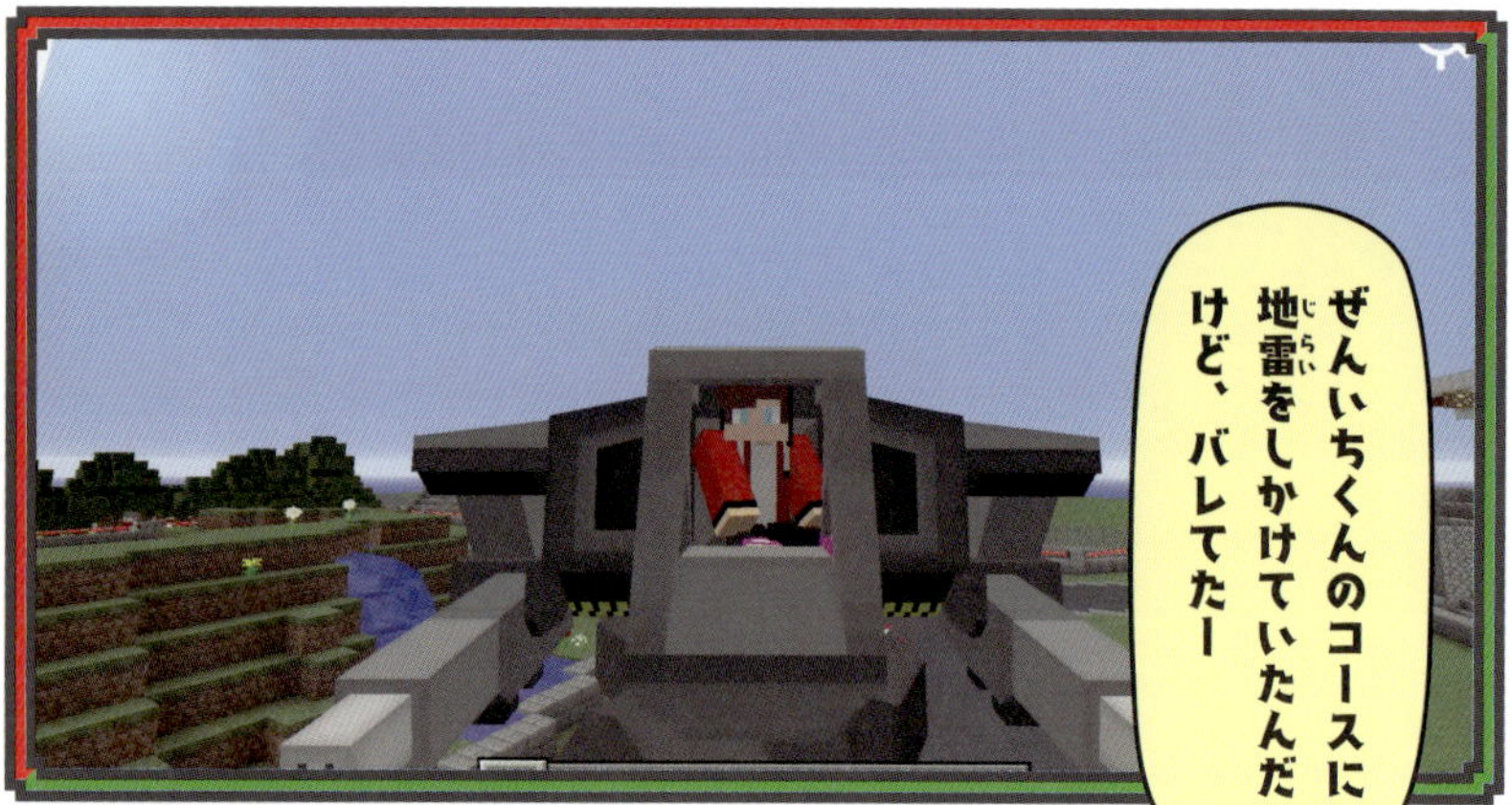
ぜんいちくんのコースに地雷《じらい》をしかけていたんだけど、バレてたー

つかい方《かた》

マイッキーのズルにかんづいたぜんいちは、ドローンを飛《と》ばして、ていさつしている。さすがぜんいちは**海千山千《うみせんやません》**だ。

紆《う》余《よ》曲《きょく》折《せつ》

意《い》味《み》

さまざまな事情《じじょう》があって、複《ふく》雑《ざつ》な道《みち》すじをたどること。

関連《かんれん》する言葉《ことば》

似 複雑多岐《ふくざつたき》

対 順風満帆《じゅんぷうまんぱん》

いろいろな事情《じじょう》があったことを、まとめて言《い》うときにつかおう

つかい方《かた》

ホエールイーターにおそわれてからの紆《う》余《よ》曲《きょく》折《せつ》を村人《むらびと》くんが話《はな》してくれた。両親《りょうしん》は村人《むらびと》くんを助《たす》けて死《し》んでしまったんだって。

雲散霧消《うんさんむしょう》

意味《いみ》

日《ひ》の光《ひかり》の中《なか》で雲《くも》がちり、霧《きり》が消《き》えるように、あとかたもなく消《き》えてなくなること。

関連《かんれん》する言葉《ことば》

同 雲消霧散《うんしょうむさん》

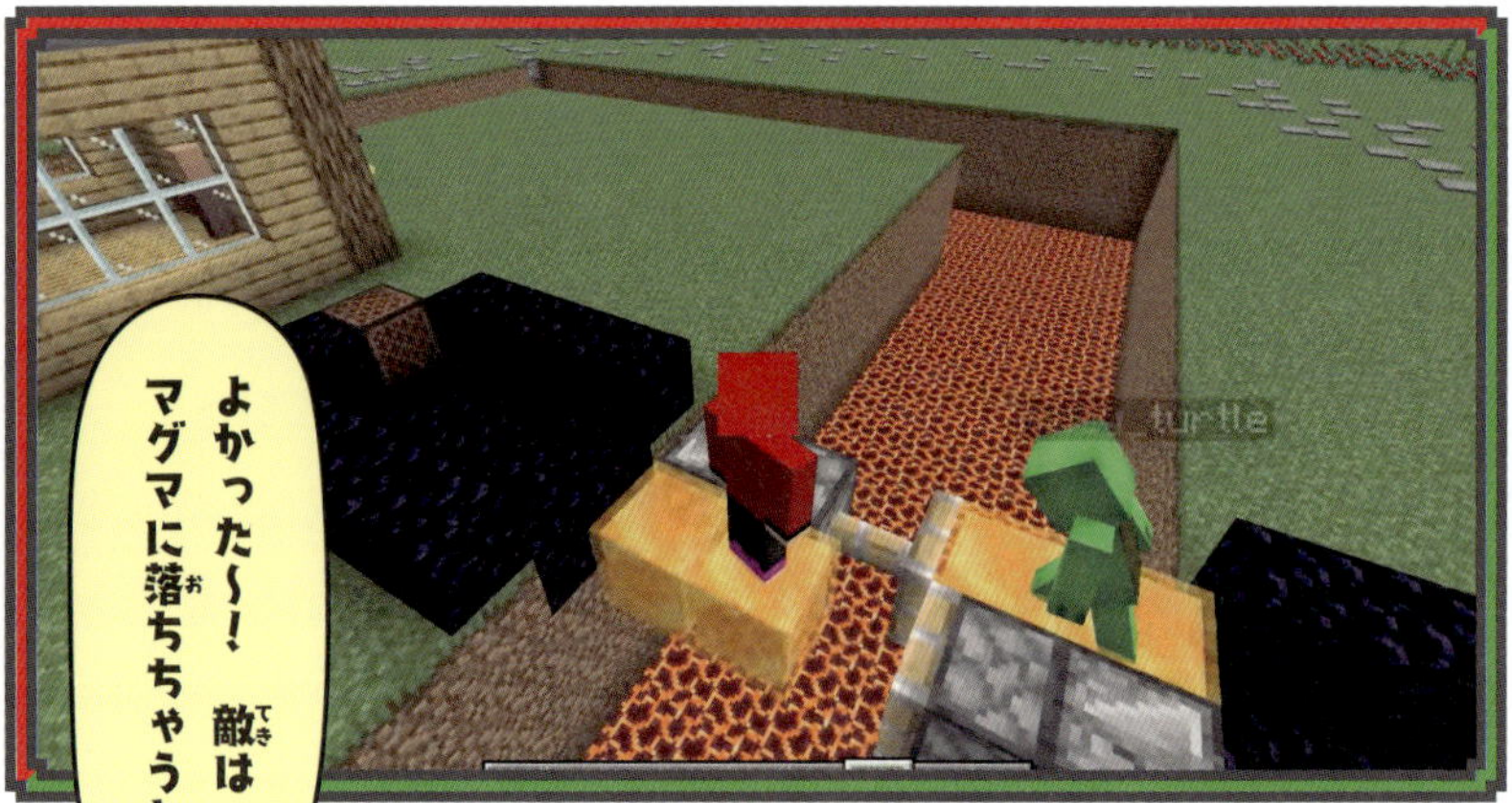

つかい方《かた》

住民《じゅうみん》だけがわたれて、敵《てき》はわたれない最強《さいきょう》の橋《はし》を作《つく》ったぞ。これでおそわれる心配《しんぱい》は**雲散霧消《うんさんむしょう》**したね。

栄枯盛衰《えいこせいすい》

意味《いみ》

さかえたり、おとろえたりすること。

なんだか、さみしいような、はかなさを感《かん》じるね

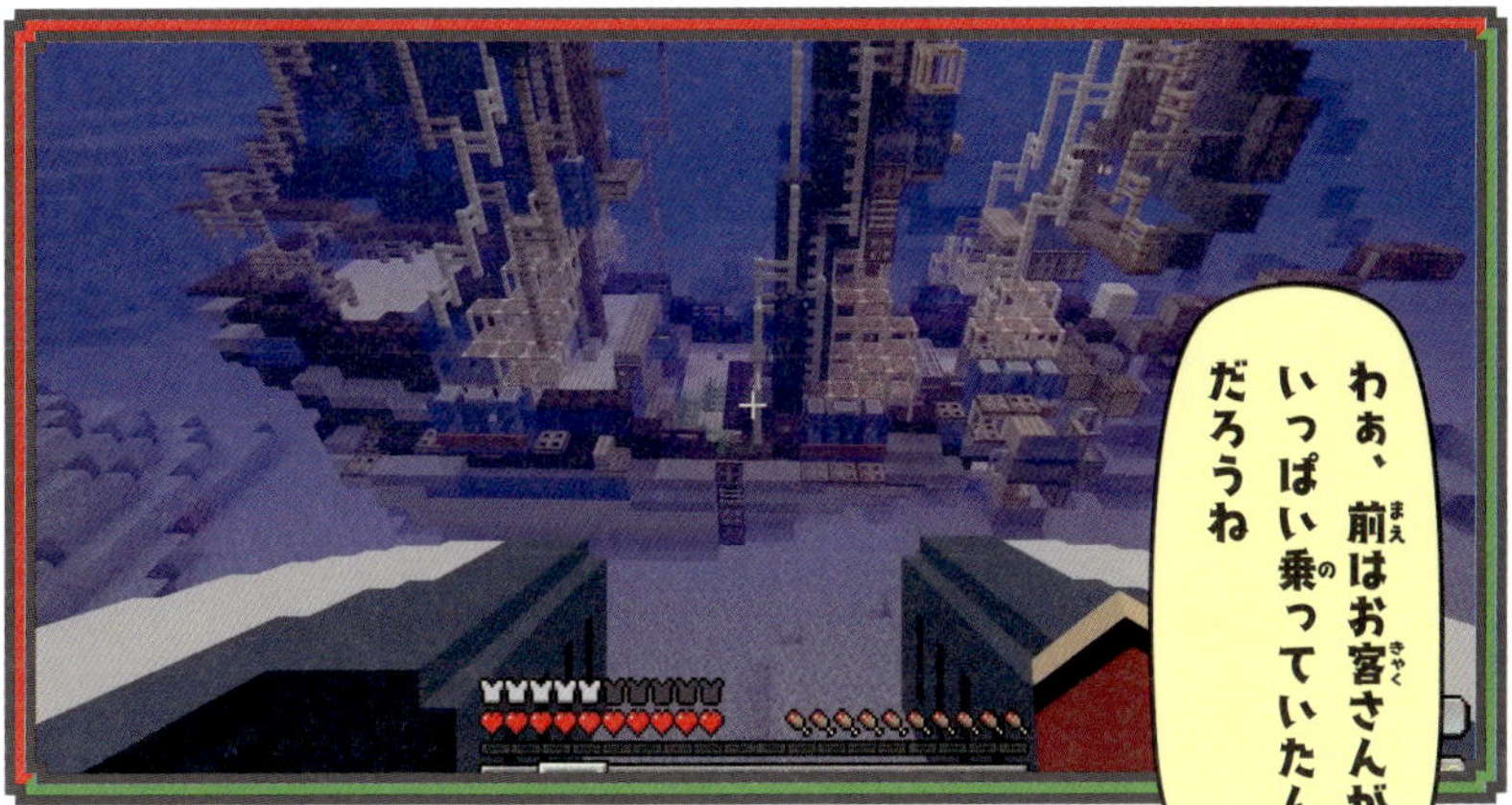

わぁ、前《まえ》はお客《きゃく》さんがいっぱい乗《の》っていたんだろうね

つかい方《かた》

海底《かいてい》で沈没船《ちんぼつせん》を発見《はっけん》。昔《むかし》はにぎやかできれいな船《ふね》だったんだろう、と思《おも》うと栄枯《えいこ》盛衰《せいすい》を感《かん》じるね。

傍《おか》目《め》八《はち》目《もく》

意《い》味《み》

実際《じっさい》にやっている人《ひと》よりも、まわりで見《み》ている人《ひと》のほうが、全体《ぜんたい》を見《み》わたせてものごとのなりゆきがよくわかるということ。

関連《かんれん》する言葉《ことば》

同 岡《おか》目《め》八目《はちもく》

似 傍観《ぼうかん》する者《もの》は審《つまび》らかにして局《きょく》に当《あ》たる者《もの》は迷《まよ》う

「八目《はちもく》」の「八《はち》」はたくさんのという意味《いみ》だよ

つかい方《かた》

ふたりとも自分《じぶん》のほうが勝《か》てると思《おも》っているみたいだけど、傍目八目《おかめはちもく》で言《い》うと、ぜんいちのほうが有利《ゆうり》だね。

ぼく、ダイヤの剣《けん》を持《も》ってるから、絶対《ぜったい》勝《か》てると思《おも》ったのになー

さすがキャリーちゃん

今日《きょう》こそ強敵《きょうてき》のエンダードラゴンをたおそう
ぼくたちなら楽勝《らくしょう》だね
キャリーちゃんはお祝《いわ》いの用意《ようい》をしておいて！
……
やられると思《おも》って手当《てあ》ての準備《じゅんび》をしてたって
傍目八目《おかめはちもく》だね……

お

温故知新《おんこちしん》

意味《いみ》

昔《むかし》のことを勉強《べんきょう》して、今《いま》に役《やく》立《だ》つ知識《ちしき》やものの見方《みかた》を見《み》つけること。

昔《むかし》のよろいや武器《ぶき》から、今《いま》に役《やく》立《だ》つことがありそうだね

昔《むかし》のおさむらいさんのよろい、かっこいいねー！

つかい方《かた》

昔《むかし》ながらのよろいや貴重《きちょう》な武器《ぶき》がたくさんあるよ。温故知新《おんこちしん》の精神《せいしん》で、学《まな》べることがあるかもしれない。

臥薪嘗胆《がしんしょうたん》

意味《いみ》

目的《もくてき》をはたすために、長《なが》い間《あいだ》大変《たいへん》な苦労《くろう》をしたり、がまんしたり、努力《どりょく》したりすること。

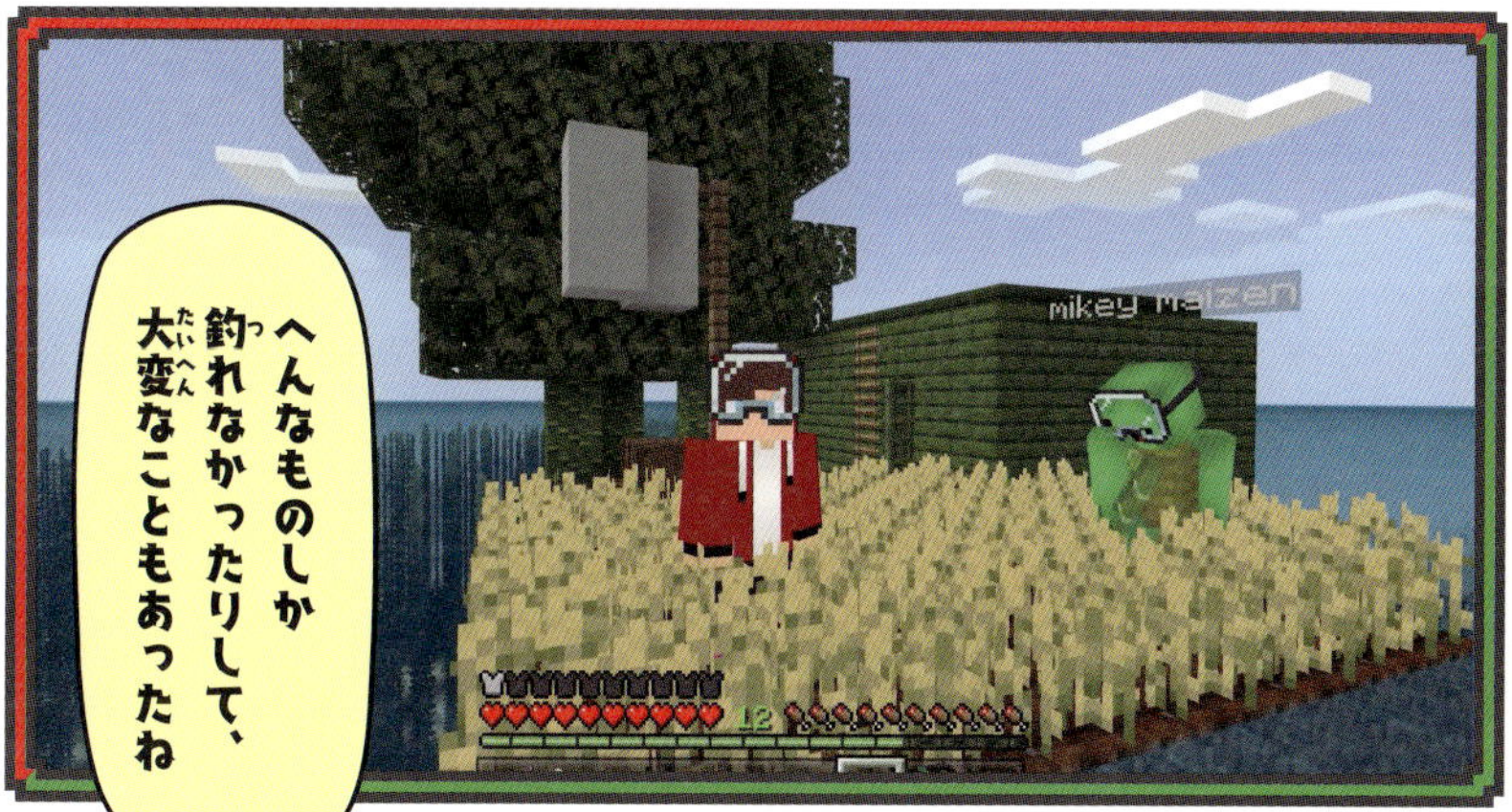
mikey Maizen
12

へんなものしか釣《つ》れなかったりして、大変《たいへん》なこともあったね

つかい方《かた》

小《ちい》さないかだの上《うえ》で、うまくいかないことばかり。でも臥薪嘗《がしんしょう》胆《たん》と思《おも》い苦労《くろう》を重《かさ》ねて、サバイバルに成功《せいこう》したよ。

花鳥風月《かちょうふうげつ》

意味《いみ》

花《はな》や鳥《とり》、風《かぜ》や月《つき》など自然《しぜん》の中《なか》の美《うつく》しい風物《ふうぶつ》や景色《けしき》のこと。

自然《しぜん》の美《うつく》しさを伝《つた》えたいときにつかってみてね

危険生物《きけんせいぶつ》のウィザーストームが来《く》るから、のんびりしてられない！

つかい方《かた》

美《うつく》しい草原《そうげん》だけど、**花鳥風月《かちょうふうげつ》**を味《あじ》わうひまはない。動物《どうぶつ》たちがウィザーストームにたおされないように、移動《いどう》させるぞ。

か

我《が》田《でん》引《いん》水《すい》

意味《いみ》

まわりのことを考《かんが》えず、自分《じぶん》に都合《つごう》のよい意見《いけん》を言《い》ったり、行動《こうどう》したりすること。

関連《かんれん》する言葉《ことば》

同 我《わ》が田《た》へ水《みず》を引《ひ》く

似 手前勝手《てまえがって》

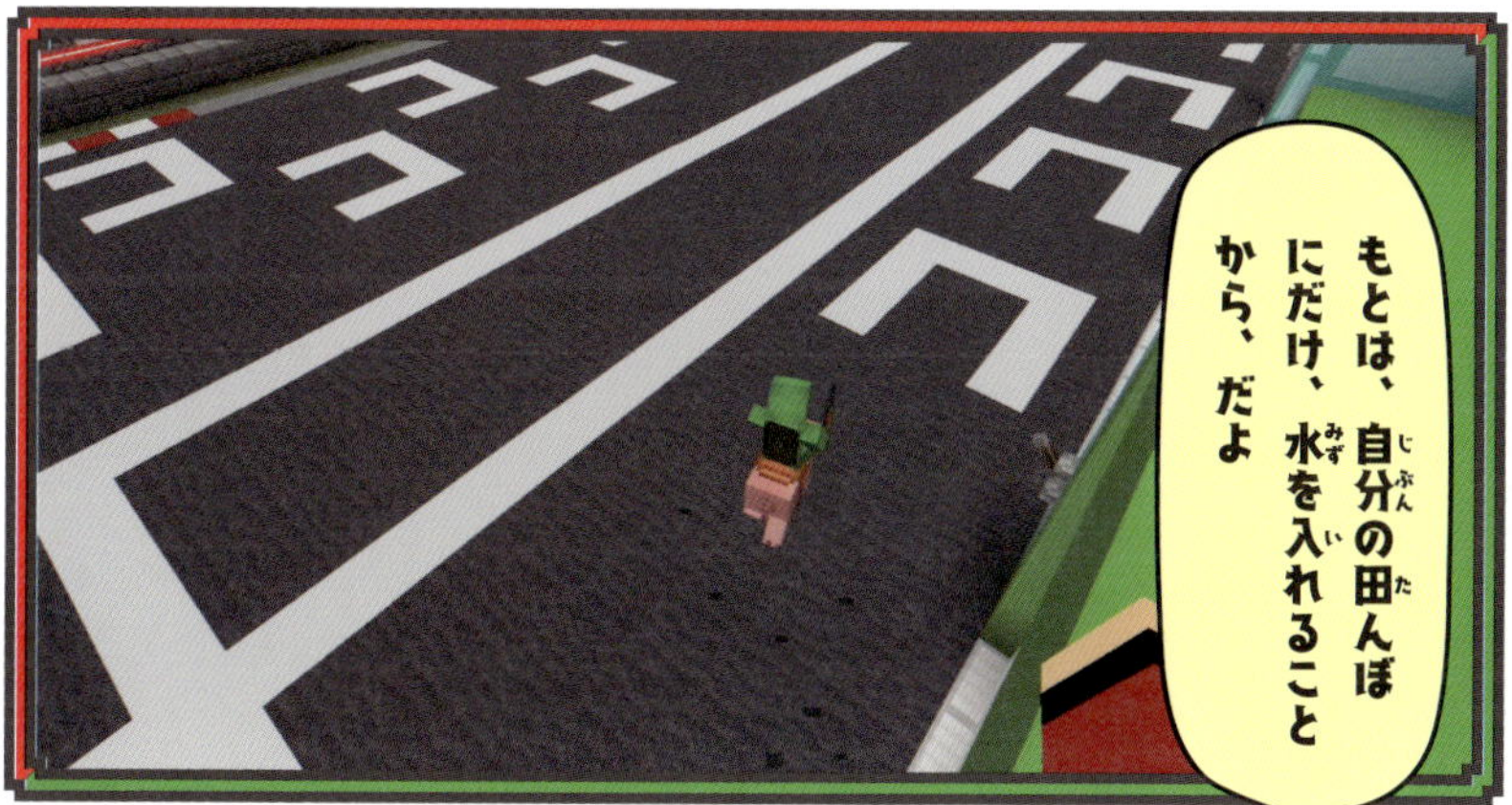
もとは、自分《じぶん》の田《た》んぼにだけ、水《みず》を入《い》れることから、だよ

つかい方《かた》

レースに勝《か》ちたいからって、「フライングしてもいい」というルールにかえちゃったマイッキー。それは、我田引水《がでんいんすい》だよ。

画《が》竜《りょう》点《てん》睛《せい》

意味《いみ》

ものごとの一番《いちばん》重要《じゅうよう》な部分《ぶぶん》をしあげて、全体《ぜんたい》をりっぱに完《かん》成《せい》させること。また、もっとも重要《じゅうよう》な部分《ぶぶん》のたとえ。

「画竜点睛《がりょうてんせい》を欠《か》く」という形《かたち》でつかわれるよ

さすがぜんいちくんは、最後《さいご》のしあげまでバッチリだね!

つかい方《かた》

刑務所《けいむしょ》からヘリコプターで脱獄成功《だつごくせいこう》! **画竜点睛《がりょうてんせい》**を欠《か》くことなく、マイッキーもつれ出《だ》せてよかった。

か

完《かん》全《ぜん》無《む》欠《けつ》

意味《いみ》

足《た》りないところや欠点《けってん》がまったくなく、かんぺきなこと。

関連《かんれん》する言葉《ことば》

似 金甌無欠《きんおうむけつ》　十全十美《じゅうぜんじゅうび》　完璧《かんぺき》

わーい！　これでどんな敵《てき》にも負《ま》けないもんねー！

つかい方《かた》

ミサイルやロケットランチャーを装着《そうちゃく》したぜんいちとマイッキーは完《かん》全《ぜん》無《む》欠《けつ》の強《つよ》さだ。

サバイバルシーンでつかえる四字熟語《よじじゅくご》

サバイバルをしていると、こんな四字熟語《よじじゅくご》があてはまるシーンがよくあるよね！

深謀遠慮《しんぼうえんりょ》

遠《とお》い先《さき》のことまで深《ふか》く考《かんが》え、計《けい》画《かく》すること。また、その考《かんが》え。

無理難題《むりなんだい》

とてもできそうもない、むずかしい要求《ようきゅう》。

天変地異《てんぺんちい》

大雨《おおあめ》や地震《じしん》など、空《そら》や地上《ちじょう》で起《お》こる、自然《しぜん》の災害《さいがい》や異変《いへん》。

津々浦々《つつうらうら》

全国《ぜんこく》のいたるところ。

水《みず》かマグマ、どっちをえらぶか…二者択一《にしゃたくいつ》でまよったなぁ

二者択一《にしゃたくいつ》

ふたつのうち、どちらかひとつをえらぶこと。

人間関係《にんげんかんけい》にかかわる四字熟語《よじじゅくご》

なかよしだったり、けんかしたり、人間関係《にんげんかんけい》はいろいろあるよね〜。こんな四字熟語《よじじゅくご》があてはまる人《ひと》はいるかな？

呉越同舟《ごえつどうしゅう》

なかの悪《わる》い者同士《ものどうし》や敵同士《てきどうし》が、同《おな》じ場所《ばしょ》にいること。また、いざというときに力《ちから》を合《あ》わせること。

鬼《おに》の村《むら》から脱出《だっしゅつ》するためには、呉越同舟《ごえつどうしゅう》、あやしい村人《むらびと》とも協力《きょうりょく》しなきゃね！

相思相愛《そうしそうあい》

おたがいに思《おも》い合《あ》って、すきだと思《おも》っていること。

同床異夢《どうしょういむ》

立場《たちば》は同《おな》じでも、心《こころ》の中《なか》はちがうこと。

疑心暗鬼《ぎしんあんき》

うたがう気持《きも》ちがあると、何《なん》でもないことまで不安《ふあん》でおそろしくなるということ。

面従腹背《めんじゅうふくはい》

表面上《ひょうめんじょう》は、したがうように見《み》せかけて、心《こころ》の中《なか》ではしたがわないこと。

き

危《き》機《き》一《いっ》髪《ぱつ》

意《い》味《み》

ちょっとまちがえれば大変《たいへん》なことになる、とてもきけんな状態《じょうたい》。

関連《かんれん》する言葉《ことば》

似　一触即発《いっしょくそくはつ》　間一髪《かんいっぱつ》

「危《き》機《き》一《いっ》発《ぱつ》」は、まちがい！かみの毛《け》一本《いっぽん》くらいのわずかな差《さ》、という意《い》味《み》から、こう言《い》うよ

つかい方《かた》

とつぜん、人《ひと》くいザメにおそわれたマイッキー。ぜんいちがサメをマシンガンでうち、危《き》機《き》一《いっ》髪《ぱつ》のところを助《たす》けてくれたよ。

起《き》死《し》回《かい》生《せい》

意味《いみ》

今《いま》にもほろびそうな状態《じょうたい》からすくい出《だ》して、よい状態《じょうたい》にすること。

「起死《きし》」も「回生《かいせい》」も、死《し》にかけた人《ひと》を生《い》き返《かえ》らせることなんだって

マイッキーも無実《むじつ》の罪《つみ》でつかまった囚人仲間《しゅうじんなかま》だよって、洗脳《せんのう》しちゃった

つかい方《かた》

脱獄囚《だつごくしゅう》のぜんいちは、へんそうを見《み》やぶられてしまった。でも起死《きし》回生《かいせい》の洗脳《せんのう》のポーションで、看守《かんしゅ》のマイッキーをだませたぞ。

き

起《き》承《しょう》転《てん》結《けつ》

意《い》味《み》

文章《ぶんしょう》やものごとの、全体的《ぜんたいてき》な構成《こうせい》や展開《てんかい》のこと。

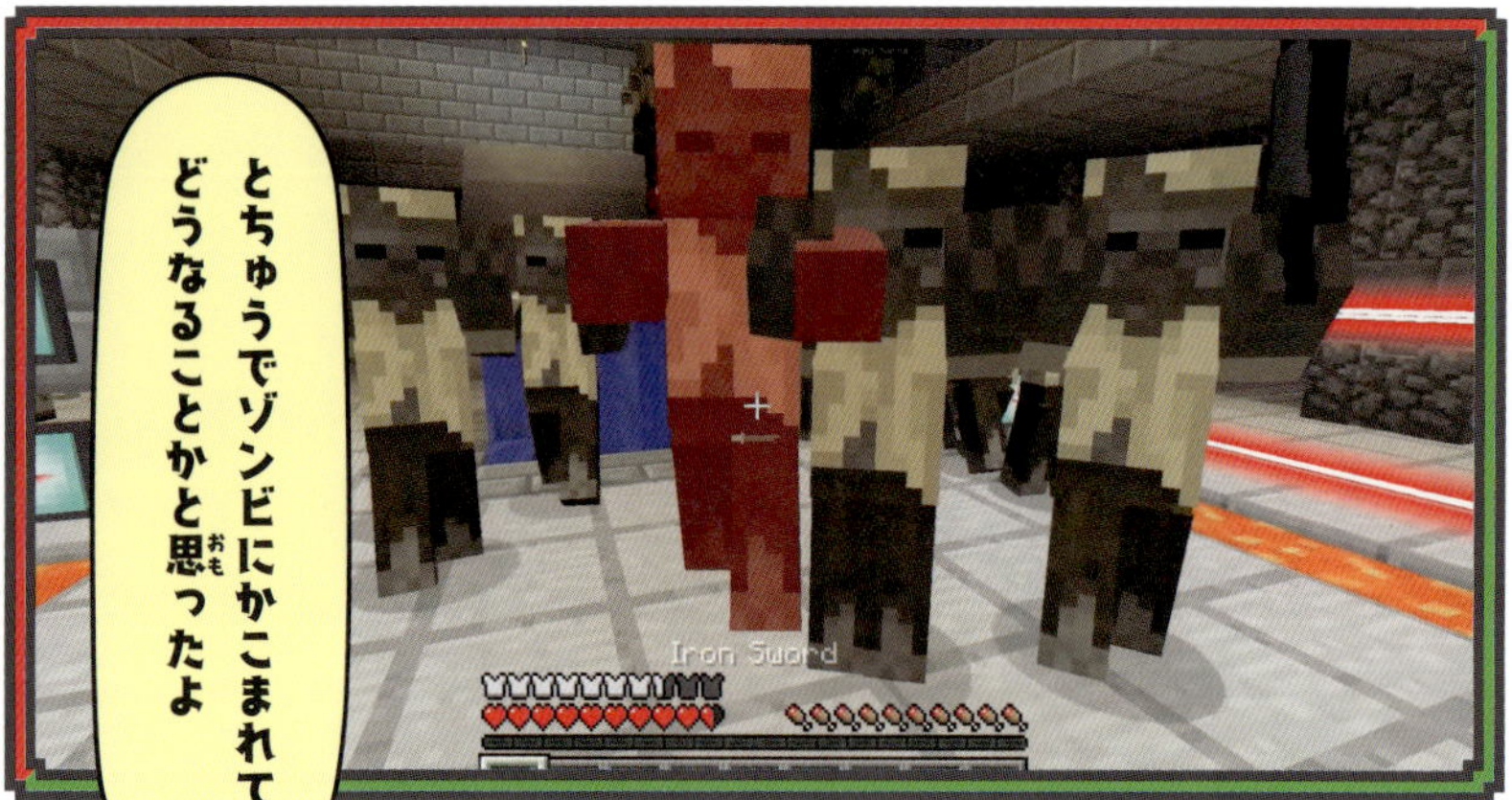

とちゅうでゾンビにかこまれてどうなることかと思《おも》ったよ

つかい方《かた》

マイッキーとぜんいちがゾンビ刑務所《けいむしょ》から脱出《だっしゅつ》する様子《ようす》は、4コママンガのように起承転結《きしょうてんけつ》がみごとだったね。

喜色満面《きしょくまんめん》

意味《いみ》

うれしそうな表情《ひょうじょう》が顔《かお》いっぱいにあらわれて、よろこんでいる様子《ようす》。

関連《かんれん》する言葉《ことば》

似 意気揚々《いきようよう》　得意満面《とくいまんめん》

ぜんいちくんは「勇者賞《ゆうしゃしょう》」、ぼくも「よくがんばりました賞《しょう》」をもらったよね！

つかい方《かた》

悪魔《あくま》をたおし、世界《せかい》の平和《へいわ》を取《と》りもどしたバナナくん。賞《しょう》をもらって喜色満面《きしょくまんめん》だね！

奇想天外《きそうてんがい》

き

意味《いみ》

ふつうではとても考《かんが》えつかないような、とてもめずらしい様子《ようす》。

関連《かんれん》する言葉《ことば》

似 斬新奇抜《ざんしんきばつ》

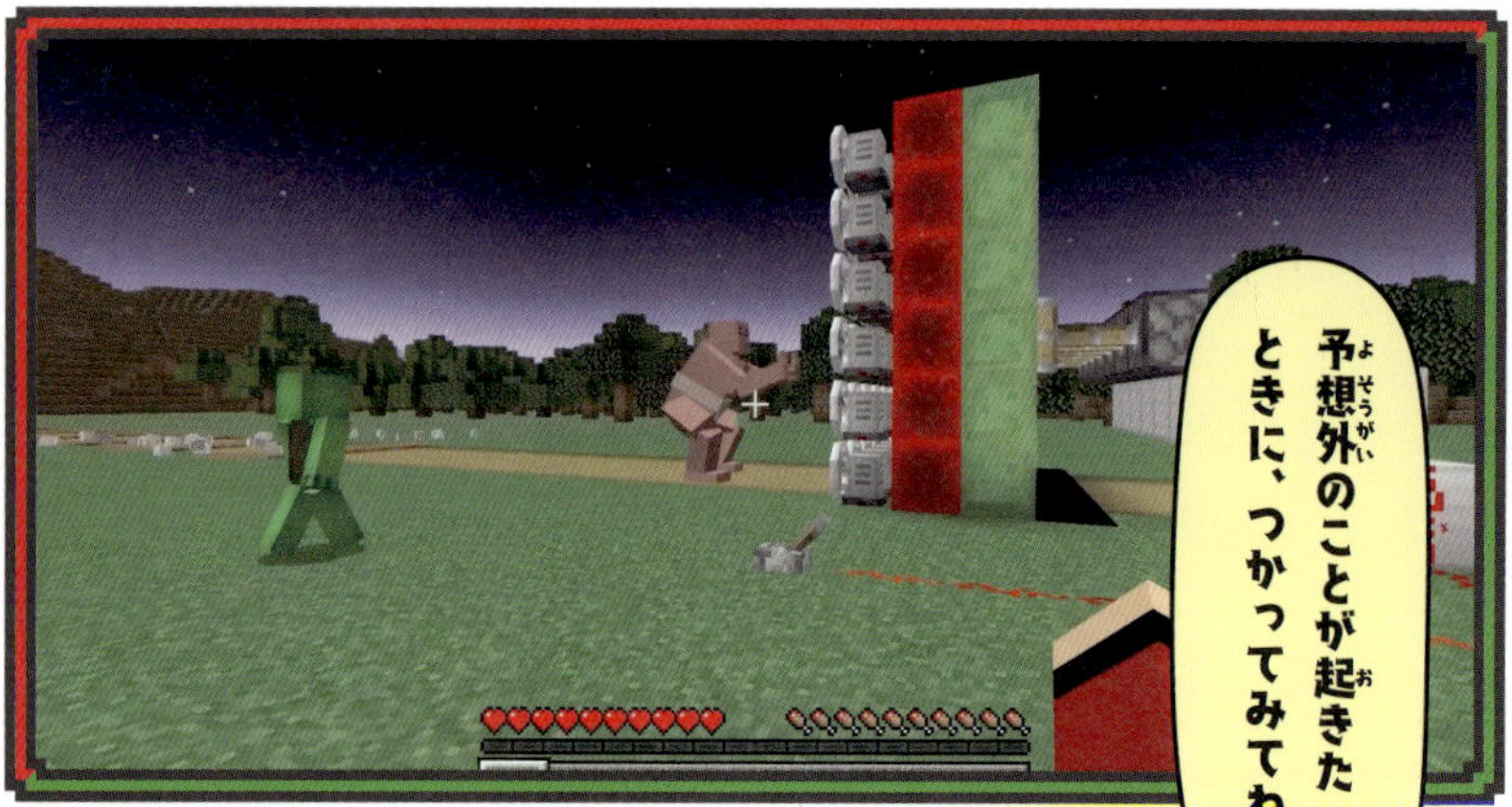

予想外《よそうがい》のことが起《お》きたときに、つかってみてね！

つかい方《かた》

せんぷうきの強力《きょうりょく》な風圧《ふうあつ》でおすもうさんをおし返《かえ》すなんて、ぜんいちは奇想天外《きそうてんがい》な作戦《さくせん》を考《かんが》えつくなあ。

き

喜《き》怒《ど》哀《あい》楽《らく》

意《い》味《み》

人間《にんげん》のいろいろな感情《かんじょう》。喜《よろこ》び、怒《いか》り、哀《かな》しみ、楽《たの》しみなど。

このときのマイッキーは、「哀《あい》」の気《き》持《も》ちだね

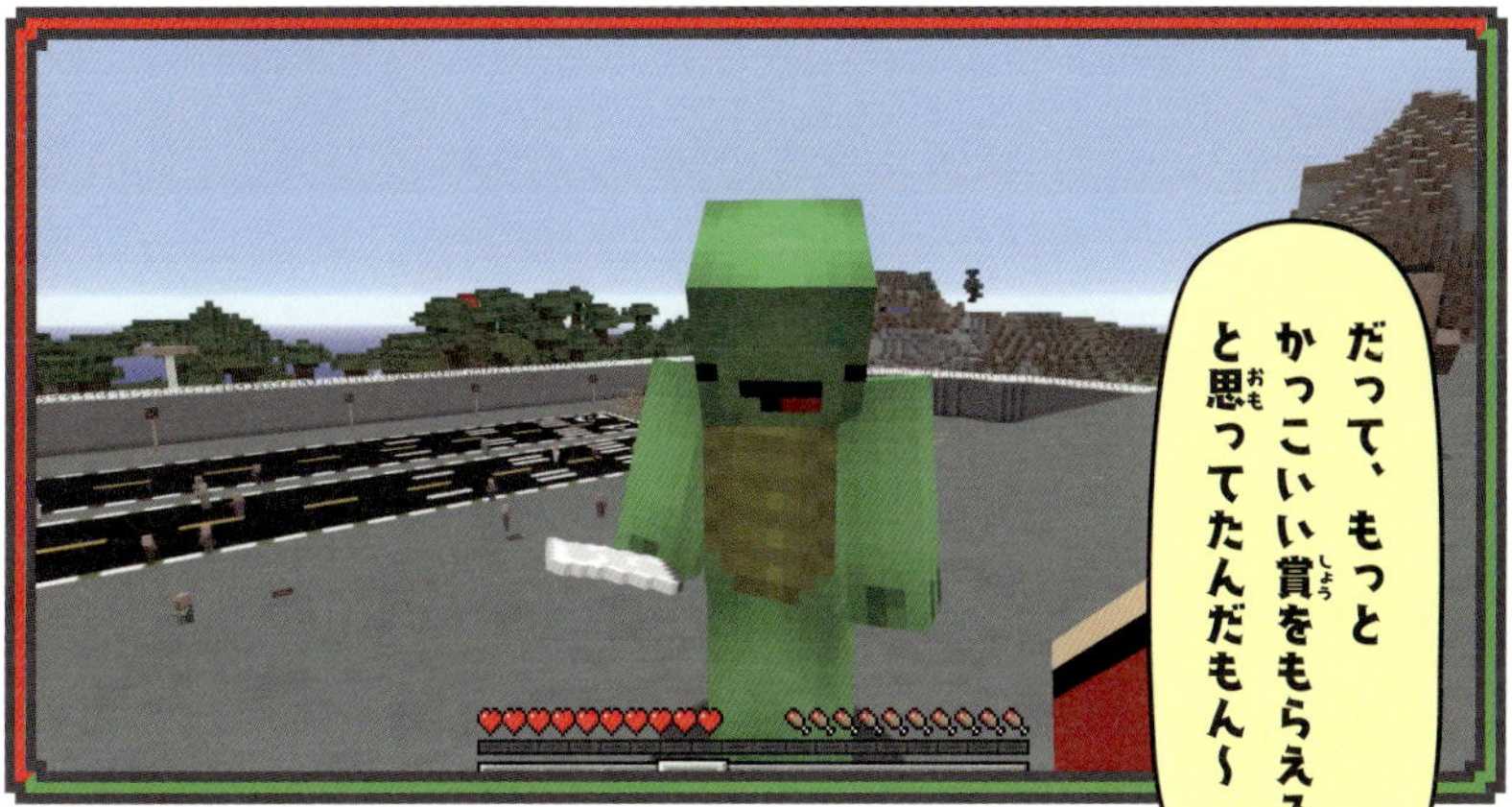

だって、もっとかっこいい賞《しょう》をもらえると思《おも》ってたんだもん〜

つかい方《かた》

賞《しょう》をもらえると喜《よろこ》んだと思《おも》ったら「もっとがんばりま賞《しょう》」でがっかりのマイッキー。喜怒哀楽《きどあいらく》がゆたかだね！

急転直下《きゅうてんちょっか》

意《い》味《み》

今《いま》まで行《ゆ》きづまっていたことが急《きゅう》にかわり、うまくいくようになること。

「急天《きゅうてん》」と書《か》きまちがえないように注意《ちゅうい》してね

やったー！　これで次《つぎ》のしけんに進《すす》めるね！

つかい方《かた》

しけんに落《お》ちて落《お》ちこんでいたら、しけん官《かん》があらわれて、**急転直下《きゅうてんちょっか》**合格《ごうかく》だと言《い》われた！

興味津々《きょうみしんしん》

き

意味《いみ》

どんどん心《こころ》がひきつけられて、終《お》わりがないこと。

関連《かんれん》する言葉《ことば》

対 興味索然《きょうみさくぜん》

「津々《しんしん》」を「深々《しんしん》」と書《か》きまちがえないようにね

つかい方《かた》

ぜんいちの作《つく》った超強力《ちょうきょうりょく》なセキュリティに、マイッキーは興味津々《きょうみしんしん》、近《ちか》づいていった。

玉《ぎょく》石《せき》混《こん》交《こう》

意《い》味《み》

すぐれたものと悪《わる》いものが入《い》りまじっていること。

関連《かんれん》する言葉《ことば》

同 玉石混淆《ぎょくせきこんこう》

つかい方《かた》

しけん会場《かいじょう》に集《あつ》まった玉石混《ぎょくせきこん》交《こう》の受験者《じゅけんしゃ》たち。プロダクターしけんに受《う》かるのはだれだ!?

受験者《じゅけんしゃ》がこんなにたくさん!受《う》かるといいな~

宝物《たからもの》なのかも?

宝箱《たからばこ》にいろいろ入《はい》ってたよ!まずはダイヤモンド!
いいねー
次《つぎ》は木《き》の棒《ぼう》
それはハズレかなー
ダイヤの剣《けん》だ!
おー!やったね!
最後《さいご》のこれは——セミのぬけがら……?
玉石混交《ぎょくせきこんこう》だなあ

空《くう》前《ぜん》絶《ぜつ》後《ご》

意《い》味《み》

今《いま》までになく、これからもありえないと思《おも》われるような、とてもめずらしいこと。

関《ぜん》連《れん》する言葉《ことば》

似 前《ぜん》代《だい》未《み》聞《もん》

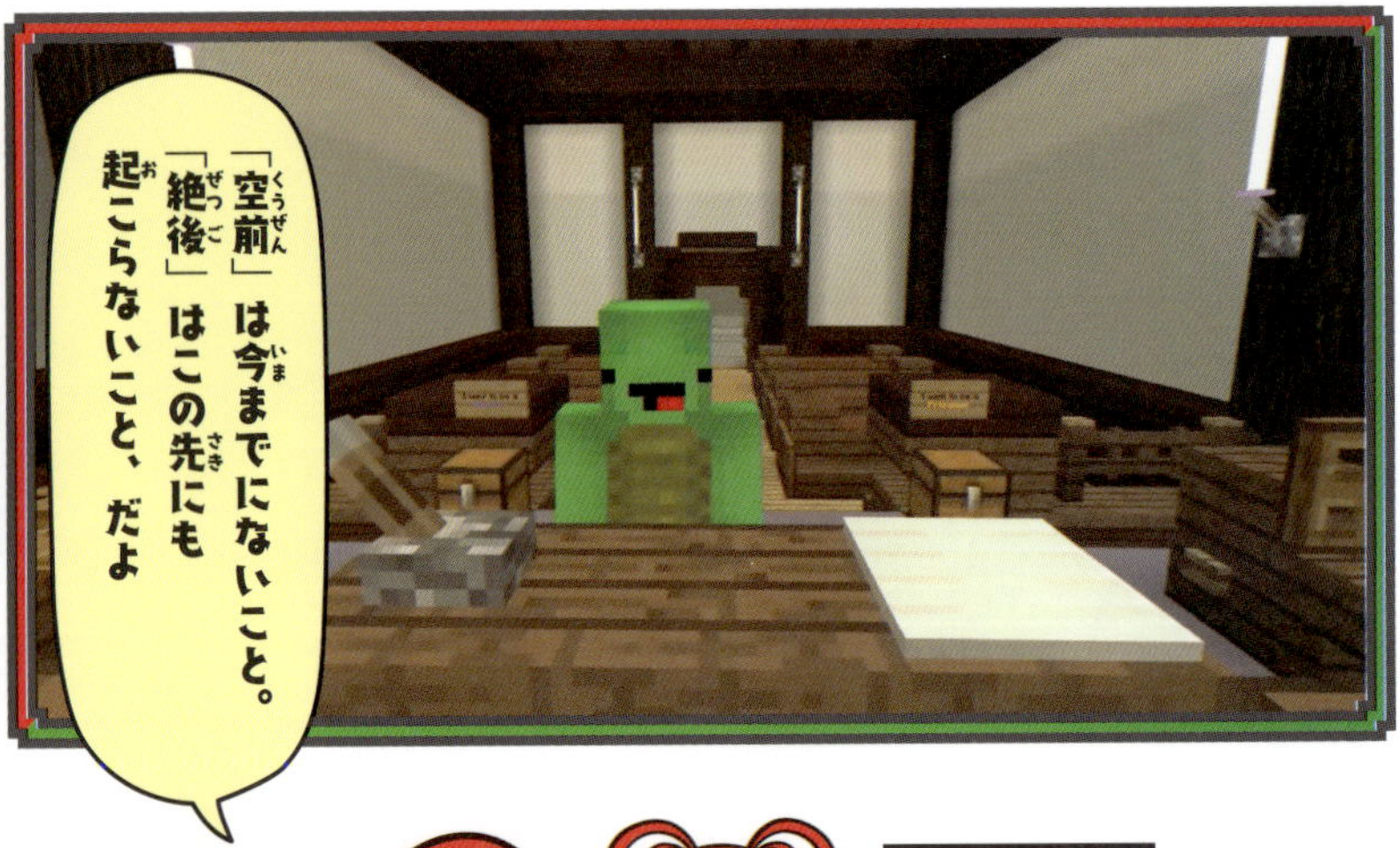
「空前《くうぜん》」は今《いま》までにないこと。
「絶後《ぜつご》」はこの先《さき》にも
起《お》こらないこと、だよ

つかい方《かた》

2日《ふつか》つづけて脱獄《だつごく》をくわだてるなんて、**空前絶後**《くうぜんぜつご》だ！マイッキーに懲役《ちょうえき》500年《ねん》の判決《はんけつ》がくだされた。

広《こう》大《だい》無《む》辺《へん》

意《い》味《み》

はてしなく広《ひろ》くて、大《おお》きいこと。

ぼく、ウミガメだから、ふるさとに帰《かえ》ったんだよ

マイッキー、さみしくなるけど、よかったね！

つかい方《かた》

ついに脱獄《だつごく》に成功《せいこう》したマイッキーは、ひとり広大無辺《こうだいむへん》な海《うみ》へと帰《かえ》っていった。

公《こう》明《めい》正《せい》大《だい》

意《い》味《み》

公平《こうへい》で、かくしごとがなく、正《ただ》しくりっぱな様子《ようす》。

関連《かんれん》する言葉《ことば》

似 公《こう》平《へい》無《む》私《し》　心《しん》地《ち》光《こう》明《めい》　正《せい》々《せい》堂《どう》々《どう》

似 品《ひん》行《こう》方《ほう》正《せい》

ぼくは時間《じかん》を止《と》める能力《のうりょく》を、マイッキーは両《りょう》うでの防御力《ぼうぎょりょく》をもらったよね！

つかい方《かた》

ぜんいちの**公明正大《こうめいせいだい》**な心《こころ》がみとめられて、魔人《まじん》からとくべつな能力《のうりょく》をさずかった！

こ

孤《こ》軍《ぐん》奮《ふん》闘《とう》

意《い》味《み》

だれの助《たす》けもかりずに、ひとりで力《ちから》をつくして、がんばること。

関《かん》連《れん》する言葉《ことば》

似 孤立無援《こりつむえん》　四面楚歌《しめんそか》

だいじょうぶ！　ぼく
ひとりでもできるもん

つかい方《かた》

レストランでひとりはたらくことになったマイッキー。むずかしいお客《きゃく》さんの対応《たいおう》も**孤軍《こぐん》奮闘《ふんとう》**、がんばるぞ！

五《ご》里《り》霧《む》中《ちゅう》

意《い》味《み》

ものごとの手《て》がかりがなくて、どうしたらよいか、わからないこと。

関《かん》連《れん》する言葉《ことば》

似　暗中《あんちゅう》模《も》索《さく》

「五《ご》里《り》夢《む》中《ちゅう》」は、まちがいだから、気《き》をつけてね

つかい方《かた》

マイッキーの体《からだ》から、たましいがぬけ出《で》てしまった！　どうすればもとにもどれるのか五里霧中《ごりむちゅう》だ。これからどうする!?

言《ごん》語《ご》道《どう》断《だん》

意《い》味《み》

言葉《ことば》では言《い》いあらわせないほど、ひどいこと。

マイッキーったら、1000万円《まんえん》のうち900万円《まんえん》もつかっちゃって……

ぜんいちくん、ごめーん！ だって、この装備《そうび》かっこいいんだもん

つかい方《かた》

ふたりでためたお金《かね》で、自分《じぶん》だけ強《つよ》い装備《そうび》を買《か》っちゃったなんて……マイッキー！ 言《ごん》語《ご》道《どう》断《だん》だよ。

たたかいのシーンでつかえる四字熟語《よじじゅくご》

ゾンビやモンスターとたたかうときに、
ぼくたちもつかっちゃお～っと！

威風堂々《いふうどうどう》

堂々《どうどう》としていて重々《おもおも》しく、りっぱな様子《ようす》。

青息吐息《あおいきといき》

とてもこまっているときに出《で》る息《いき》。また、それが出《で》る様子《ようす》。

九死一生《きゅうしいっしょう》

死《し》をさけられないようなきけんな状《じょう》態《たい》から、なんとか助《たす》かること。

阿鼻叫喚《あびきょうかん》

とてもひどい目《め》にあって、人々《ひとびと》がなきさけぶ、むごたらしい様子《ようす》。

自暴自棄《じぼうじき》

わざと自分《じぶん》をそまつにあつかって、むちゃな行《こう》動《どう》をすること。

さすがぜんいちきゅん！
ラスボスも電光石火《でんこうせっか》でたおしたよ！

電《でん》光《こう》石《せっ》火《か》

とても短《みじか》い時間《じかん》のこと。また、とてもすばやいこと。

他《た》力《り》本《き》願《ほんがん》

他《ほか》の人《ひと》の力《ちから》にたよって、ねがいをかなえようとすること。

泰《たい》然《ぜん》自《じ》若《じゃく》

何《なに》が起《お》きてもあわてずに、どっしりと落《お》ち着《つ》いている様子《ようす》。

猪《ちょ》突《とつ》猛《もう》進《しん》

ひとつのことにむかって、がむしゃらにつき進《すす》むこと。

当《とう》意《い》即《そく》妙《みょう》

その場《ば》に合《あ》わせて、すばやく考《かんが》えられること。

再《さい》三《さん》再《さい》四《し》

意《い》味《み》

くり返《かえ》し何度《なんど》も。

「二度《にど》も三度《さんど》も」という意味《いみ》の、「再三《さいさん》」っていう言葉《ことば》もあるよ

えへ、ぜんいちくんに勝《か》ちたくて、つい……

つかい方《かた》

マイッキーったら、またフライングした！再三再四《さいさんさいし》、ズルはダメって言《い》ったのに……。

山《さん》紫《し》水《すい》明《めい》

意《い》味《み》

自然《しぜん》の風景《ふうけい》がとても美《うつく》しいこと。

日《ひ》にてらされた山《やま》がむらさきいろに見《み》えて、水《みず》がきれい、という意味《いみ》からだよ

さ

おじいちゃんの家《いえ》からの風景《ふうけい》、すっごくきれいだったな〜

つかい方《かた》

マイッキーを育《そだ》ててくれたおじいちゃんの家《いえ》の屋上《おくじょう》からは、山紫水明《さんしすいめい》とよべる絶景《ぜっけい》が見《み》わたせた。

自画自賛《じがじさん》

意味《いみ》

自分《じぶん》で自分《じぶん》をほめること。

関連《かんれん》する言葉《ことば》

似　一分自慢《いちぶじまん》　手前味噌《てまえみそ》

「自画《じが》」は、自分《じぶん》で描《か》いた絵《え》のこと。「自賛《じさん》」は、自分《じぶん》でほめ言葉《ことば》を書《か》くことだよ

つかい方《かた》

マイッキーのために、別世界《べつせかい》へ行《い》けるネザーゲートを作《つく》ってあげたぜんいち。「かんぺきだ！」と**自画自賛《じがじさん》**した。

自《じ》給《きゅう》自《じ》足《そく》

意味《いみ》

生活《せいかつ》にひつような物《もの》を自分《じぶん》で作《つく》り出《だ》して、間《ま》に合《あ》わせること。

これで、家《いえ》から出《で》られなくても、食《しょく》りょうにはこまらないね

DAY43
自分《じぶん》たちで作《つく》った野菜《やさい》のおいしさはとくべつだよね！

つかい方《かた》

ゾンビに家《いえ》をかこまれてしまったけど、畑《はたけ》に野菜《やさい》のたねをまいて、自《じ》給《きゅう》自《じ》足《そく》の生《せい》活《かつ》をおくろう！

し

四《し》苦《く》八《はっ》苦《く》

意《い》味《み》

とても苦《くる》しむこと。

関連《かんれん》する言葉《ことば》

似　悪戦苦闘《あくせんくとう》　七難八苦《しちなんはっく》

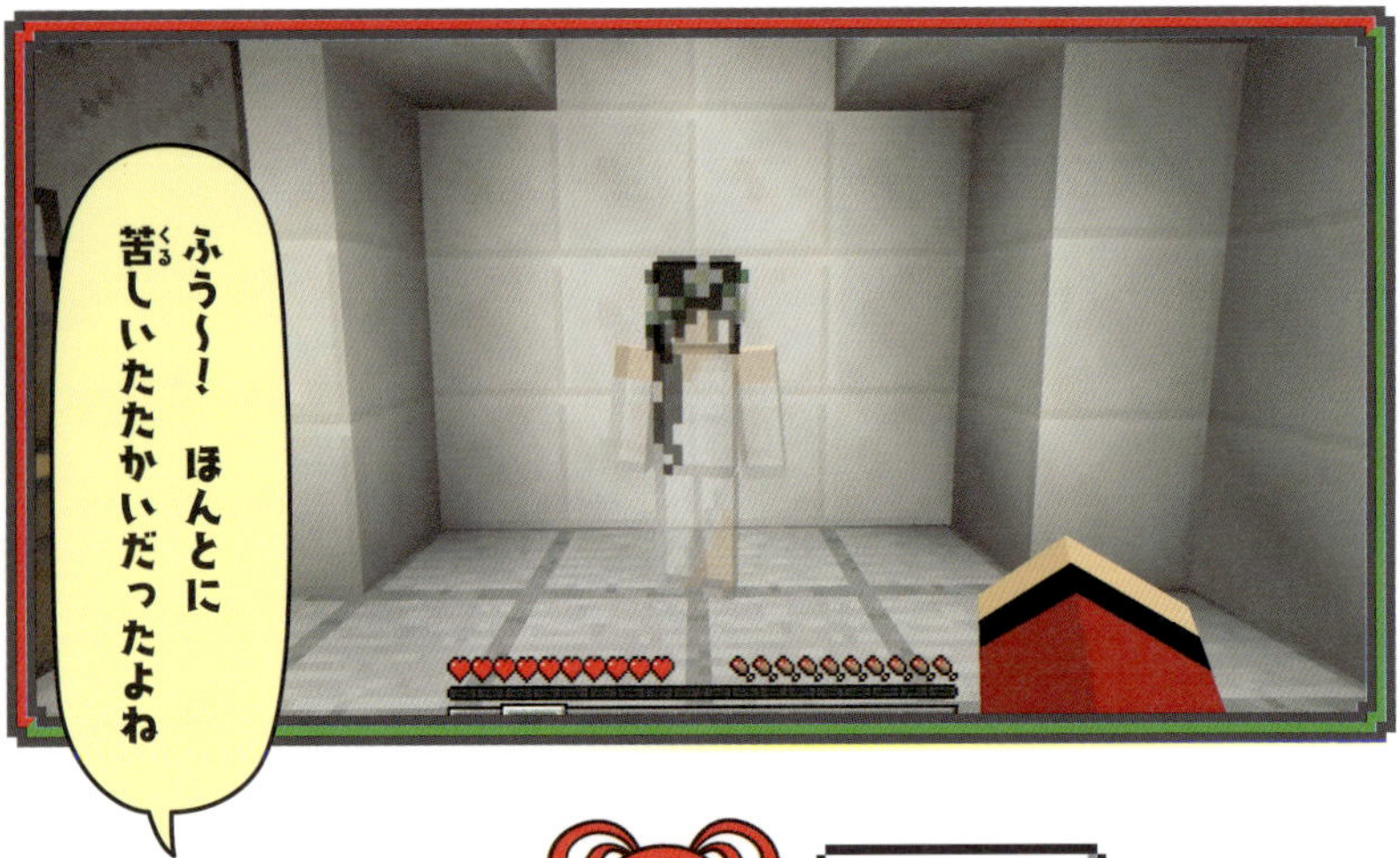

つかい方《かた》

船《ふね》の上《うえ》での四苦八苦《しくはっく》のたたかいのすえ、三大怨霊《さんだいおんりょう》の一体《いったい》ストクィンを成仏《じょうぶつ》させることに成功《せいこう》したぞ！

試行錯誤《しこうさくご》

意味《いみ》

試《ため》したり、しっぱいしたりをくり返《かえ》しながら、解決方法《かいけつほうほう》をさがしていったり、目標《もくひょう》に向《む》かったりすること。

「試行《しこう》」は、試《ため》すこと、「錯誤《さくご》」は、まちがえることだよ

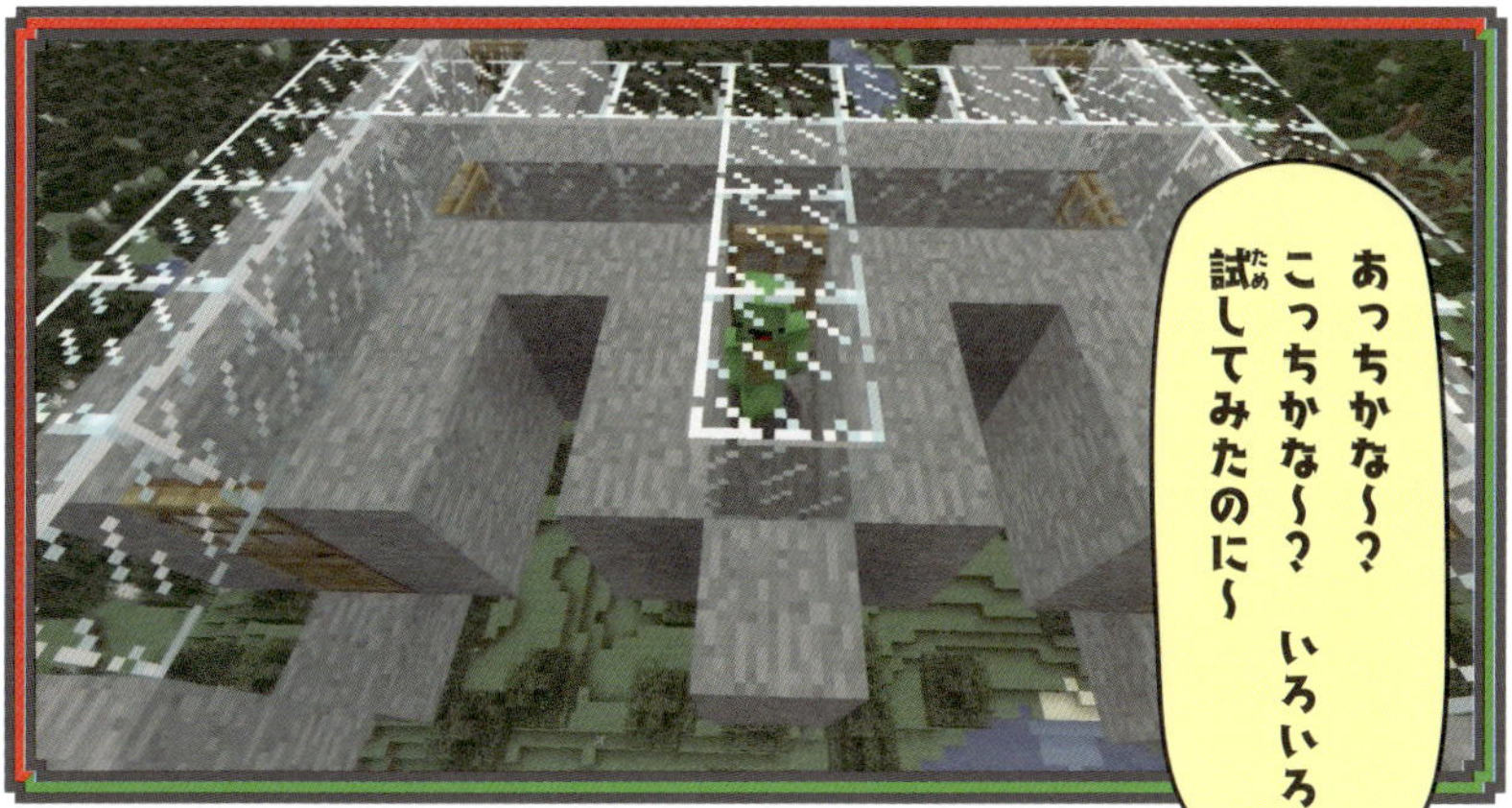

あっちかな〜？こっちかな〜？いろいろ試《ため》してみたのに〜

つかい方《かた》

試行錯誤《しこうさくご》をくり返《かえ》すマイッキーだけど、ぜんいちが作《つく》った無限《むげん》迷路《めいろ》からは、どうやってもぬけだせない！

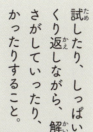

自業自得《じごうじとく》

意味《いみ》

自分《じぶん》のした悪《わる》いことのむくいを、自分自身《じぶんじしん》が受《う》けること。

関連《かんれん》する言葉《ことば》

似 悪因悪果《あくいんあっか》　因果応報《いんがおうほう》　自縄自縛《じじょうじばく》

似 天罰覿面《てんばつてきめん》

似 身《み》から出《で》た錆《さび》

自分《じぶん》がやったことで、いたい目《め》をみたときにつかうんだね

し

つかい方《かた》

線路《せんろ》をぬすんだ罪《つみ》で賠償金《ばいしょうきん》1億円《おくえん》を課《か》せられてしまった。**自業自得《じごうじとく》**だから、どうにかして1億円《おくえん》を手《て》に入《い》れよう！

このときは、ぼくたちが悪《わる》かったとはいえ、1億円《おくえん》にびっくりしちゃった

ちゃんと見《み》て！

自業自得《じごうじとく》って自分《じぶん》がゴーすると
Let's GO～♪
自分《じぶん》のトクになるって意味《いみ》でしょ？
ぜんぜんちがうよマイッキーその言葉《ことば》はね……
だからどこでもゴーすればいいよねー
キケン
それが自業自得《じごうじとく》だよマイッキーーー！

し

七《しち》転《てん》八《はっ》起《き》

意《い》味《み》

何《なん》度《ど》しっぱいをくり返《かえ》してもくじけないでがんばること。

関《かん》連《れん》する言葉《ことば》

同 七《なな》転《ころ》び八《や》起《お》き

似 捲《けん》土《ど》重《ちょう》来《らい》　不《ふ》撓《とう》不《ふ》屈《くつ》

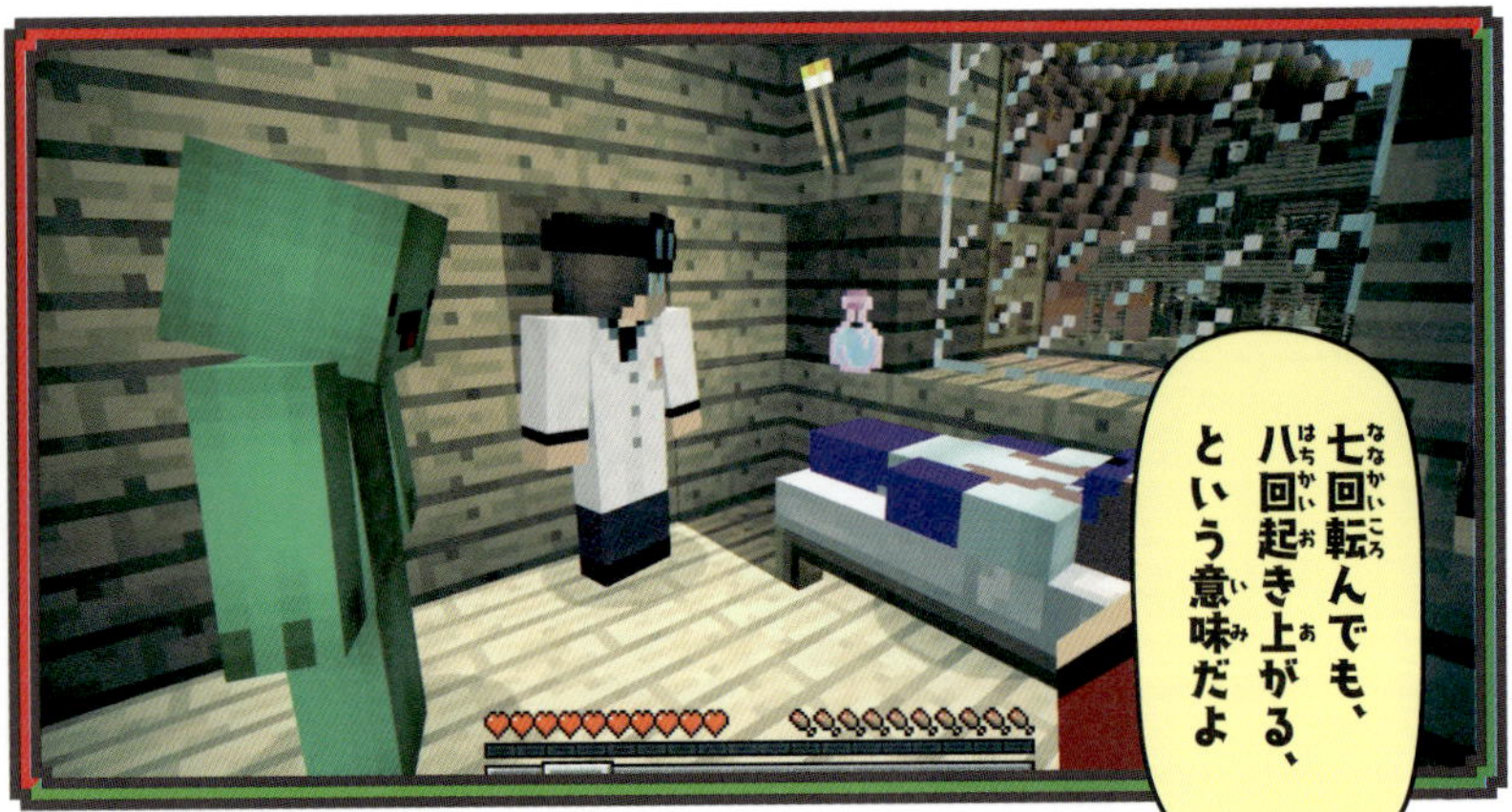

七《なな》回《かい》転《ころ》んでも、八《はち》回《かい》起《お》き上《あ》がる、という意《い》味《み》だよ

つかい方《かた》

ドクターたちの七転八起《しちてんはっき》の努《ど》力《りょく》で、おそろしいはやり病《やまい》をなおす薬《くすり》を作《つく》り出《だ》すことに成《せい》功《こう》した！

七転八倒《しちてんばっとう》

意味《いみ》

とても苦《くる》しんで転《ころ》げ回《まわ》ること。

「七転八起《しちてんはっき》」とにているけど、まちがえないでね

し

「くさいくさい！」って、苦《くる》しそうだったよね！

つかい方《かた》

プロダクターしけんの参加者《さんかしゃ》スパークマンは、プロダクターにくさいガス攻撃《こうげき》をしかけたけど、はね返《かえ》されて七転八倒《しちてんばっとう》した。

四《し》面《めん》楚《そ》歌《か》

意味《いみ》

まわりが敵《てき》ばかりで、味方《みかた》がひとりもいないこと。

関連《かんれん》する言葉《ことば》

似 孤軍奮闘《こぐんふんとう》　孤立無援《こりつむえん》

昔《むかし》の中国《ちゅうごく》で、敵《てき》の歌《うた》が外《そと》から聞《き》こえてきたことで、味方《みかた》がもういないことを知《し》った、という話《はなし》がもとになっているよ

つかい方《かた》

大勢《おおぜい》のスパイ集団《しゅうだん》に家《いえ》をかこまれてしまった！　**四面楚歌《しめんそか》**だ、どうするぜんいちとマイッキー!?

弱肉強食《じゃくにくきょうしょく》

意味《いみ》

弱《よわ》いものが強《つよ》いものに食《た》べられること。また、世《よ》の中《なか》で力《ちから》の強《つよ》いものが勝《か》ちのこること。

関連《かんれん》する言葉《ことば》

似 適者生存《てきしゃせいぞん》　優勝劣敗《ゆうしょうれっぱい》

し

ぼく、自信《じしん》あったのにな～すぐ負《ま》けちゃった

つかい方《かた》

地球防衛《ちきゅうぼうえい》チームのテストにいどんだマイッキーだったけど、らんぼう者《もの》にあっさり負《ま》けて落選《らくせん》してしまった。世《よ》の中《なか》は弱肉強食《じゃくにくきょうしょく》だなあ。

縦《じゅう》横《おう》無《む》尽《じん》

意《い》味《み》

ものごとを思《おも》いのまま、自由《じゆう》に行《おこな》う様子《ようす》。

関連《かんれん》する言葉《ことば》

似 自由自在《じゆうじざい》

ぜんいちくん、すごかった〜！
橋《はし》を爆破《ばくは》したんだよね

つかい方《かた》

時《とき》を止《と》める能力《のうりょく》を手《て》に入《い》れたぜんいちは、縦横無尽《じゅうおうむじん》の活《かつ》やくで、地球《ちきゅう》を侵略《しんりゃく》しにきた宇《う》宙人《ちゅうじん》をやっつけた！

終《しゅう》始《し》一《いっ》貫《かん》

意味《いみ》

始《はじ》めから終《お》わりまで、ずっとかわらないこと。

関連《かんれん》する言葉《ことば》

似　首尾一貫《しゅびいっかん》　徹頭徹尾《てっとうてつび》

し

マイッキーが時間《じかん》かせぎしてくれていたおかげで、どうにか間《ま》に合《あ》ったんだよね！

つかい方《かた》

なぞの敵組織《てきそしき》になかまがさらわれた！　でもぜんいちは終《しゅう》始《し》一貫《いっかん》落《お》ち着《つ》いて、救出《きゅうしゅつ》プログラムを組《く》みたてている。

し

十《じゅう》人《にん》十《と》色《いろ》

意《い》味《み》

人《ひと》はそれぞれ、好《この》みや考《かんが》え方《かた》がちがっていること。

関《かん》連《れん》する言《こと》葉《ば》

似 各人各様《かくじんかくよう》　三者三様《さんしゃさんよう》　千差万別《せんさばんべつ》

似 多種多様《たしゅたよう》　百人百様《ひゃくにんひゃくよう》

十人《じゅうにん》いれば十人《じゅうにん》とも顔《かお》つきがちがう、ということから、こう言《い》うよ

つかい方《かた》

へんなお面《めん》をもらって、よろこぶマイッキー。まあ、何《なに》をかっこいいと思《おも》うかは、十人《じゅうにん》十色《といろ》だからね。

ぜんいちくんには、ぼくのすばらしいセンスが理解《りかい》できないんだな～

平和《へいわ》にかいけつ

洞窟《どうくつ》で手《て》に入《い》れたものをみんなで分《わ》けよう
「せーの」でほしいものをさそうか
かぶっちゃったらどうしよう～
せーの！
十人《じゅうにん》十色《といろ》でみんなよかったね！

し

取《しゅ》捨《しゃ》選《せん》択《たく》

意《い》味《み》

たくさんの中《なか》から、必要《ひつよう》なものを選《えら》んで取《と》り、いらないものはすてること。

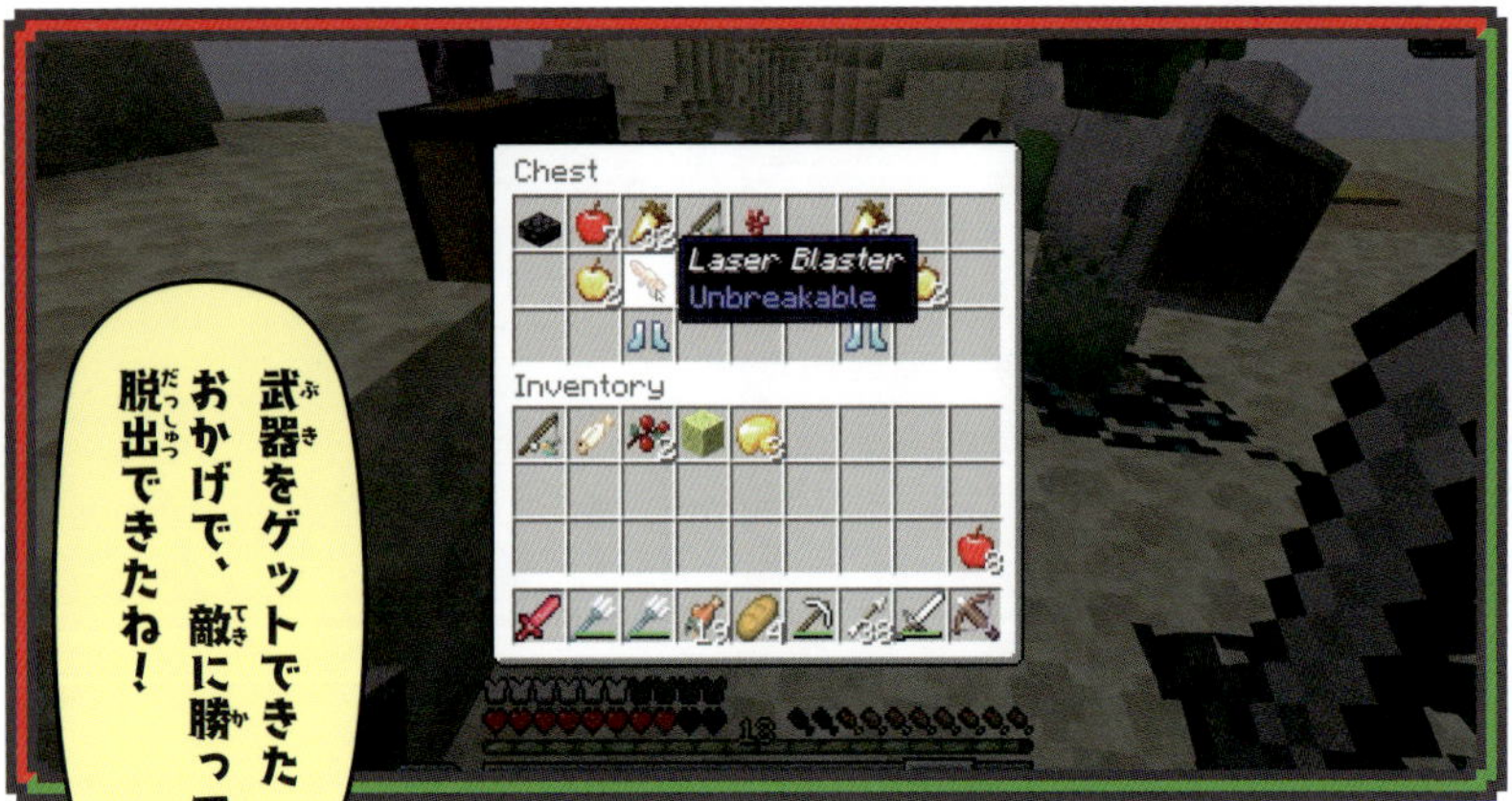

武器《ぶき》をゲットできたおかげで、敵《てき》に勝《か》って脱出《だっしゅつ》できたね！

つかい方《かた》

チェストを開《あ》けたら、いろいろなものが入《はい》っていたよ。最強《さいきょう》の銃《じゅう》に、レーザーブラスター……敵《てき》をたおすのにつかえるアイテムを**取捨選択《しゅしゃせんたく》**しよう。

し

首尾一貫《しゅびいっかん》

意《い》味《み》

始《はじ》めから終《お》わりまで、考《かんが》えや行《おこな》いの筋《すじ》が通《とお》っていてかわらないこと。

関《かん》連《れん》する言《こと》葉《ば》

似　終始一貫《しゅうしいっかん》　徹頭徹尾《てっとうてつび》

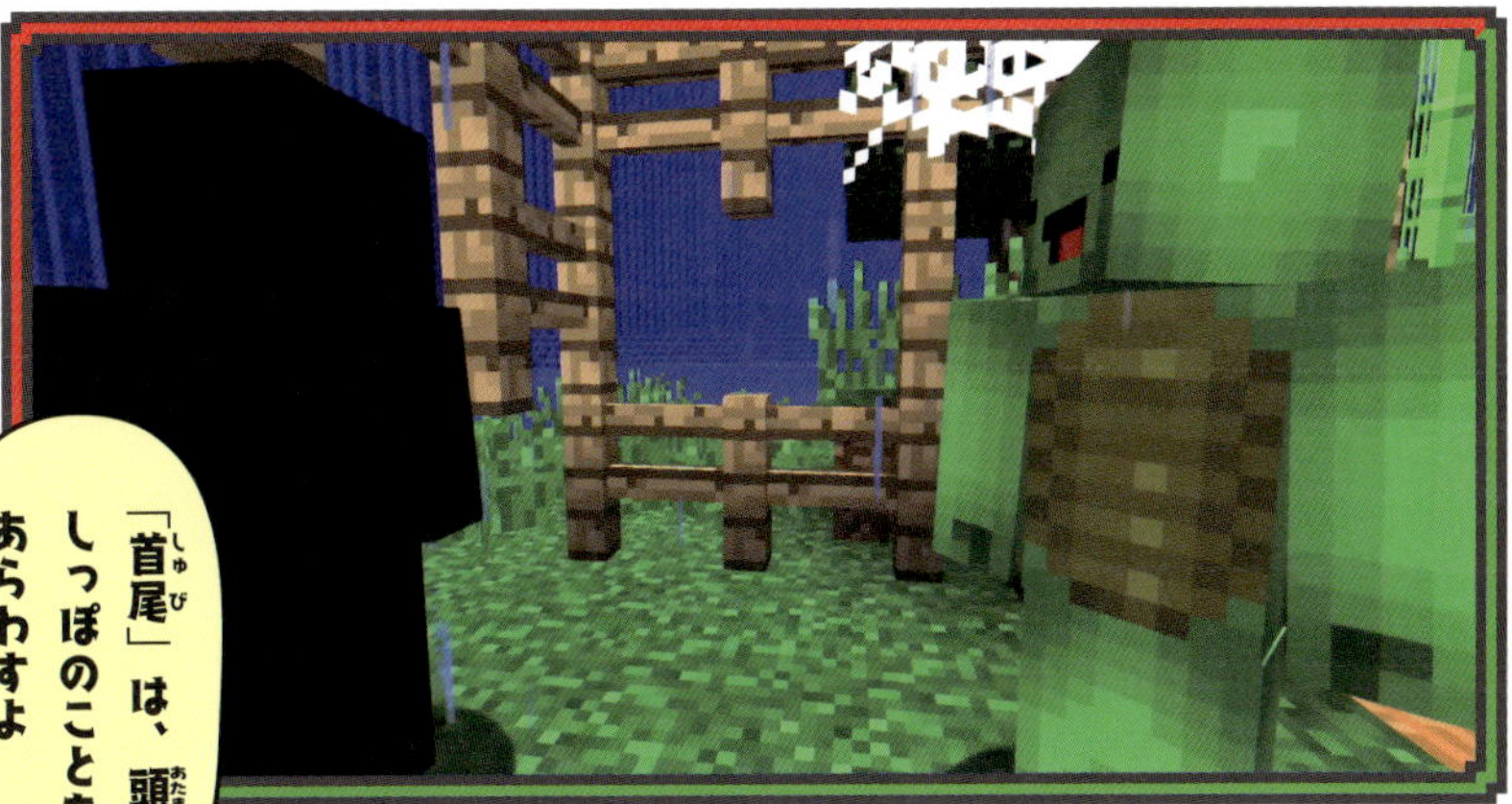

「首尾《しゅび》」は、頭《あたま》としっぽのことをあらわすよ

つかい方《かた》

流《なが》れついたきみょうな島《しま》で、全身《ぜんしん》真《ま》っ黒《くろ》な人《ひと》に出会《であ》った。なぞだらけの相手《あいて》だけど、マイッキーには首尾一貫《しゅびいっかん》してやさしかった。

順《じゅん》風《ぷう》満《まん》帆《ぱん》

し

意《い》味《み》

ものごとが順調《じゅんちょう》に、とてもうまくいくことのたとえ。

関《かん》連《れん》する言葉《ことば》

対 紆《う》余《よ》曲《きょく》折《せつ》　波《は》瀾《らん》万《ばん》丈《じょう》

船《ふね》が帆《ほ》に追《お》い風《かぜ》を受《う》けて、調子《ちょうし》よく進《すす》む様子《ようす》から、こう言《い》うよ

つかい方《かた》

マイッキーの育《そだ》ての親《おや》のおじいちゃんは、マイッキーに建築《けんちく》や栽培《さいばい》、ダンスまで教《おし》えてくれた。ふたりのくらしは**順風満帆**《じゅんぷうまんぱん》だった。

正《しょう》真《しん》正《しょう》銘《めい》

意《い》味《み》

まちがいなく本物《ほんもの》であること。

関《かん》連《れん》する言《こと》葉《ば》

対 荒《こう》唐《とう》無《む》稽《けい》

つかい方《かた》

ぜんいちたちが見《み》つけた花《はな》は、**正真正銘《しょうしんしょうめい》**、はやり病《やまい》の「花咲病《はなさきびょう》」をなおす「命《いのち》の花《はな》」だった！

枝葉末節《しようまっせつ》

意味《いみ》

重要《じゅうよう》でない、こまかい部分《ぶぶん》。

「枝葉《しよう》」は枝《えだ》や葉《は》っぱ、っていう意味《いみ》だよ

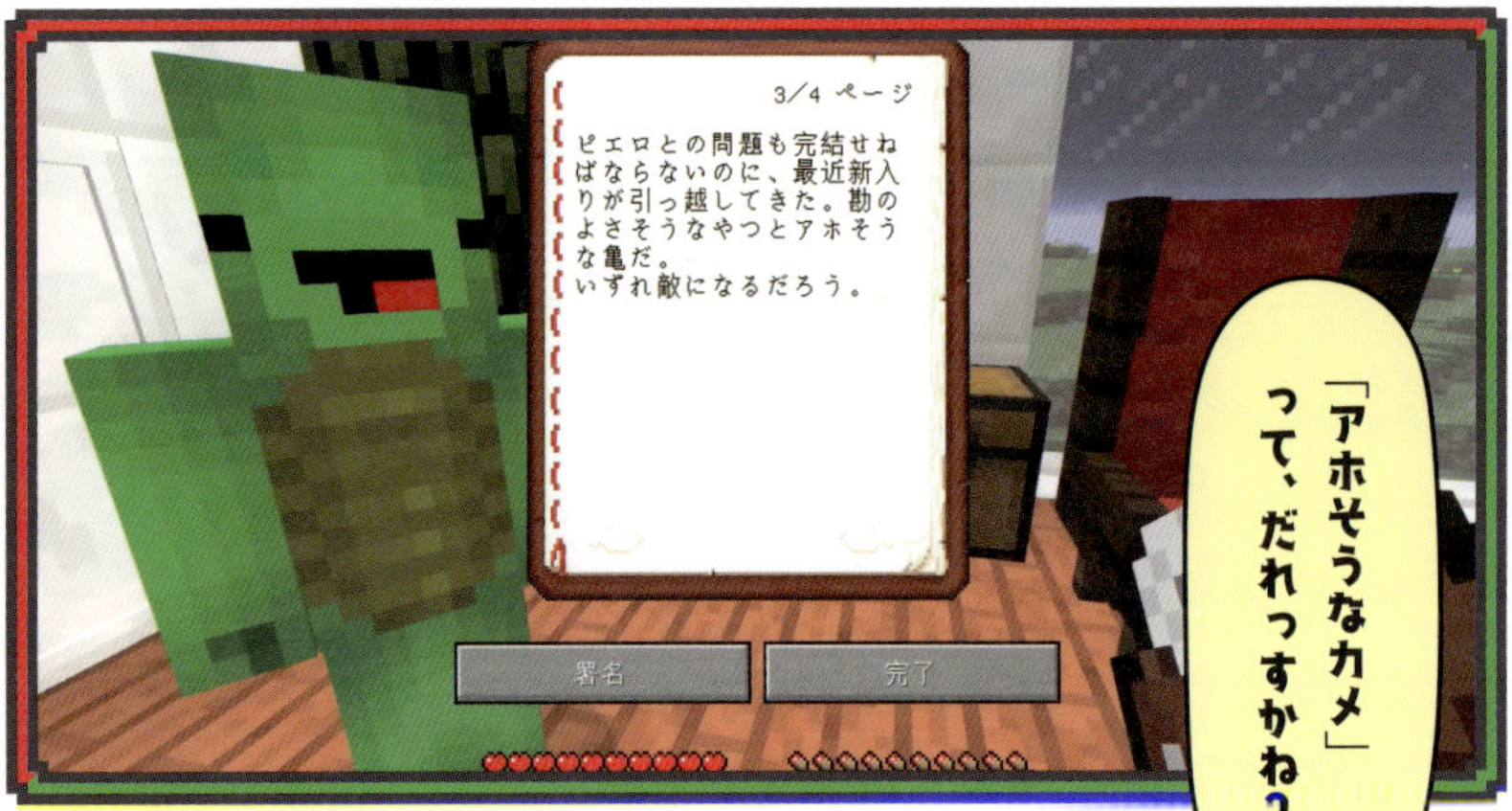
3/4 ページ
ピエロとの問題も完結せね
ばならないのに、最近新入
りが引っ越してきた。勘の
よさそうなやつとアホそう
な亀だ。
いずれ敵になるだろう。
署名
完了

「アホそうなカメ」って、だれっすかね？

つかい方《かた》

犯人《はんにん》とうたがわれているブゥの日記《にっき》には、いろいろな手《て》がかりが書《か》かれていた。「アホそうなカメ」という点《てん》にひっかかるマイッキー。そこは**枝葉末節**《しようまっせつ》だよ。

心《しん》機《き》一《いっ》転《てん》

意《い》味《み》

何《なに》かをきっかけにして、新《あら》たな気《き》持《も》ちになること。

悪《わる》い方《ほう》じゃなくて、いい方《ほう》にかわるときにつかわれるよ

新《あたら》しいぼうけんだね～楽《たの》しいな♪

つかい方《かた》

新《あたら》しいワールドに来《き》て、マイッキーは**心《しん》機《き》一《いっ》転《てん》**、ぜんいちといっしょにりっぱな家《いえ》を作《つく》ろうと決意《けつい》した。

し

し

針小棒大《しんしょうぼうだい》

意味《いみ》

ささいで小《ちい》さなことを、大《おお》げさに言《い》うこと。

関連《かんれん》する言葉《ことば》

同 針程《はりほど》の事《こと》を棒程《ぼうほど》に言《い》う

似 大言壮語《たいげんそうご》

ほ、ほんとにすごいワルだったんすから！

つかい方《かた》

「ぼくは昔《むかし》ワルで有名《ゆうめい》だったんだよ」と、自分《じぶん》の過去《かこ》を針小棒大《しんしょうぼうだい》にしゃべるマイッキー。かっこつけたいんだろうけど、逆効果《ぎゃくこうか》だよ。

晴耕雨読《せいこううどく》

意味《いみ》

晴《は》れた日《ひ》には田畑《たはた》をたがやし、雨《あめ》の日《ひ》には家《いえ》で読書《どくしょ》をすること。のんびりと自由《じゆう》に生活《せいかつ》する様子《ようす》のたとえ。

関連《かんれん》する言葉《ことば》

似 悠々自適《ゆうゆうじてき》

マイッキーも気《き》にいってくれてうれしいよ！

つかい方《かた》

ぜんいちが見《み》つけた海上《かいじょう》ハウスは超《ちょう》ごうか！　マイッキーも、ここで晴耕雨読《せいこううどく》のくらしをしたくなったみたい。

正《せい》々《せい》堂《どう》々《どう》

意《い》味《み》

態度《たいど》が正《ただ》しくてりっぱな様子《ようす》。

テストに合格《ごうかく》して、チームに入《はい》りたいね！

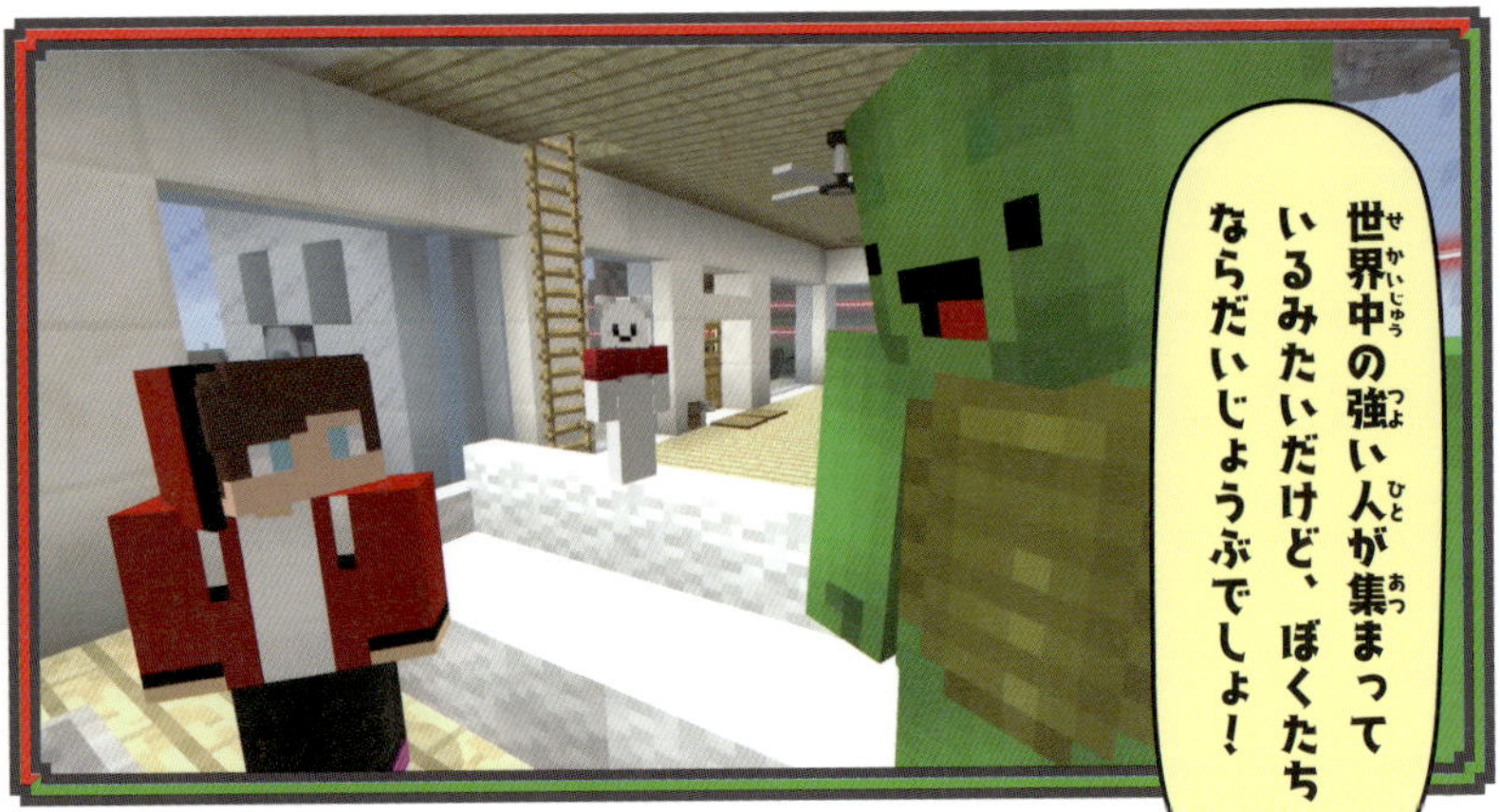

世界中《せかいじゅう》の強《つよ》い人《ひと》が集《あつ》まっているみたいだけど、ぼくたちならだいじょうぶでしょ！

つかい方《かた》

ぜんいちとマイッキーは、正々堂々《せいせいどうどう》テストを受《う》けて、宇宙人《うちゅうじん》から地球《ちきゅう》を守《まも》るチームに入《はい》ろう！　と決意《けつい》した。

切《せっ》磋《さ》琢《たく》磨《ま》

意味《いみ》

学問《がくもん》などの向上《こうじょう》のために、努《ど》力《りょく》してはげむこと。また、なかまどうしが、はげまし合《あ》って努《ど》力《りょく》すること。

友《とも》だちどうしや、ライバルと競争《きょうそう》して高《たか》め合《あ》うときにつかってね

つかい方《かた》

ゾンビになってしまった船長《せんちょう》さんをすくうため、ぜんいちたちは切磋琢磨《せっさたくま》して、ゾンビの親玉《おやだま》をたおすことにした。

様子《ようす》や状況《じょうきょう》をあらわす四字熟語《よじじゅくご》

ぼくとぜんいちくんは、「共存共栄《きょうぞんきょうえい》」！
どう？　様子《ようす》がよく伝《つた》わるでしょ？

共存共栄《きょうぞんきょうえい》

ともに助《たす》け合《あ》って生《い》き、ともにさかえること。

牛飲馬食《ぎゅういんばしょく》

一度《いちど》にたくさん飲《の》んだり、食《た》べたりすること。

神出鬼没《しんしゅつきぼつ》

自由《じゆう》にあらわれたり、消《き》えたりして、居場所《いばしょ》がなかなかつかめないこと。

空理空論《くうりくうろん》

現実《げんじつ》からかけはなれていて、役《やく》に立《た》たない、りくつや議論《ぎろん》。

千客万来《せんきゃくばんらい》

たくさんの客《きゃく》が、とぎれずにやってくること。

渾然一体《こんぜんいったい》

いくつかのものがとけ合《あ》ってひとつになり、区別《くべつ》がなくなること。

マイッキーとイヌたちの気持《きも》ちが
渾然一体《こんぜんいったい》となってどろぼうをやっつけた！

前途多難《ぜんとたなん》

これから先《さき》に、むずかしいことや、苦《くる》しいことがたくさんあること。

天衣無縫《てんいむほう》

ありのままでかざりけがなく、自然《しぜん》な様子《ようす》。

朝令暮改《ちょうれいぼかい》

ルールや命令《めいれい》がたびたびかわって、一定《いってい》しないこと。

羊頭狗肉《ようとうくにく》

見《み》かけだけがりっぱで、中身《なかみ》がともなわないことのたとえ。

絶《ぜっ》体《たい》絶《ぜつ》命《めい》

意味《いみ》

追《お》いつめられて、どうすることもできない様子《ようす》。

「絶体《ぜったい》」を「絶対《ぜったい》」って書《か》きまちがえないように気《き》をつけてね

やば～い！　こんなにたくさんのTNT《ティーエヌティー》、絶対《ぜったい》死《し》んじゃう～！

つかい方《かた》

宇宙人《うちゅうじん》のひみつ基地《きち》には、潜入《せんにゅう》したぜんいちたちを施設《しせつ》ごと爆破《ばくは》するための TNT《ティーエヌティー》 がしかけられていた！

絶体絶命《ぜったいぜつめい》の大《だい》ピンチ！

千載一遇《せんざいいちぐう》

意味《いみ》

千年《せんねん》にたった一度《いちど》しかめぐりあえないほどの、またとない機会《きかい》。絶好《ぜっこう》のチャンス。

関連《かんれん》する言葉《ことば》

似 一期一会《いちごいちえ》　好機到来《こうきとうらい》

似 盲亀《もうき》の浮木《ふぼく》

せ

やった〜！　こんなチャンスはめったにないでしょ

つかい方《かた》

拾《ひろ》ったビンから、どんなねがいもかなえてくれる魔人《まじん》のマージンがあらわれた！　チート能力《のうりょく》をゲットする千載一遇《せんざいいちぐう》のチャンスだ！

千《せん》差《さ》万《ばん》別《べつ》

意《い》味《み》

たくさんのものが、それぞれちがっていること。さまざまな種類《しゅるい》があること。

関《かん》連《れん》する言葉《ことば》

似　三《さん》者《しゃ》三《さん》様《よう》　十人《じゅうにん》十《と》色《いろ》　多《た》種《しゅ》多《た》様《よう》

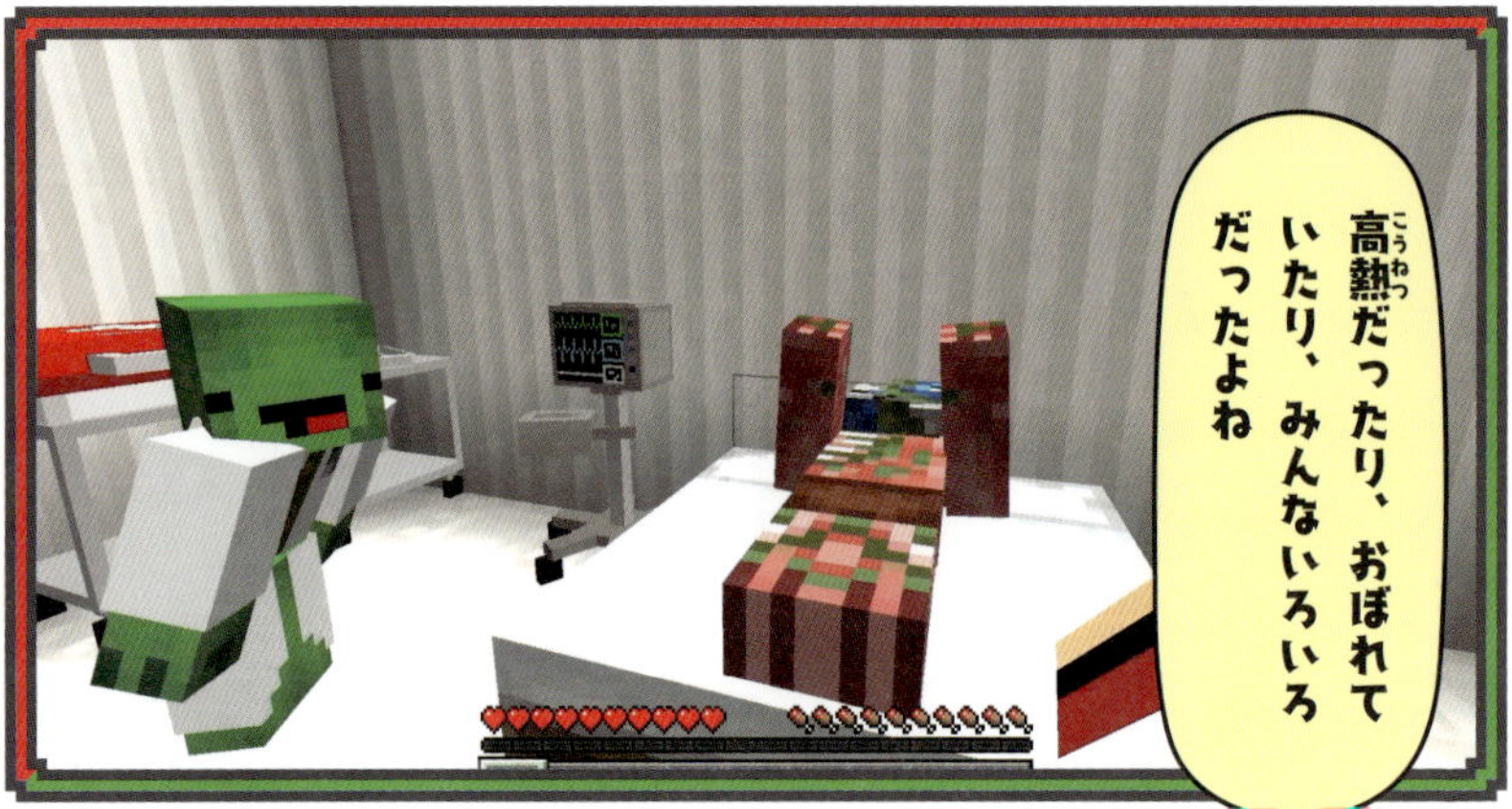
高熱《こうねつ》だったり、おぼれていたり、みんないろいろだったよね

つかい方《かた》

病院《びょういん》をひらいたら、ちびゾンビやピグリンなど、**千差万別《せんさばんべつ》**のかんじゃさんが来《き》て大変《たいへん》！　でも、みんな元気《げんき》になってよかった。

前《ぜん》人《じん》未《み》踏《とう》

意《い》味《み》

今《いま》までにだれもそこまで行《い》きついたことがないこと。成《な》しとげていないこと。

関《かん》連《れん》する言《こと》葉《ば》

同 前《ぜん》人《じん》未《み》到《とう》

似 人《じん》跡《せき》未《み》踏《とう》

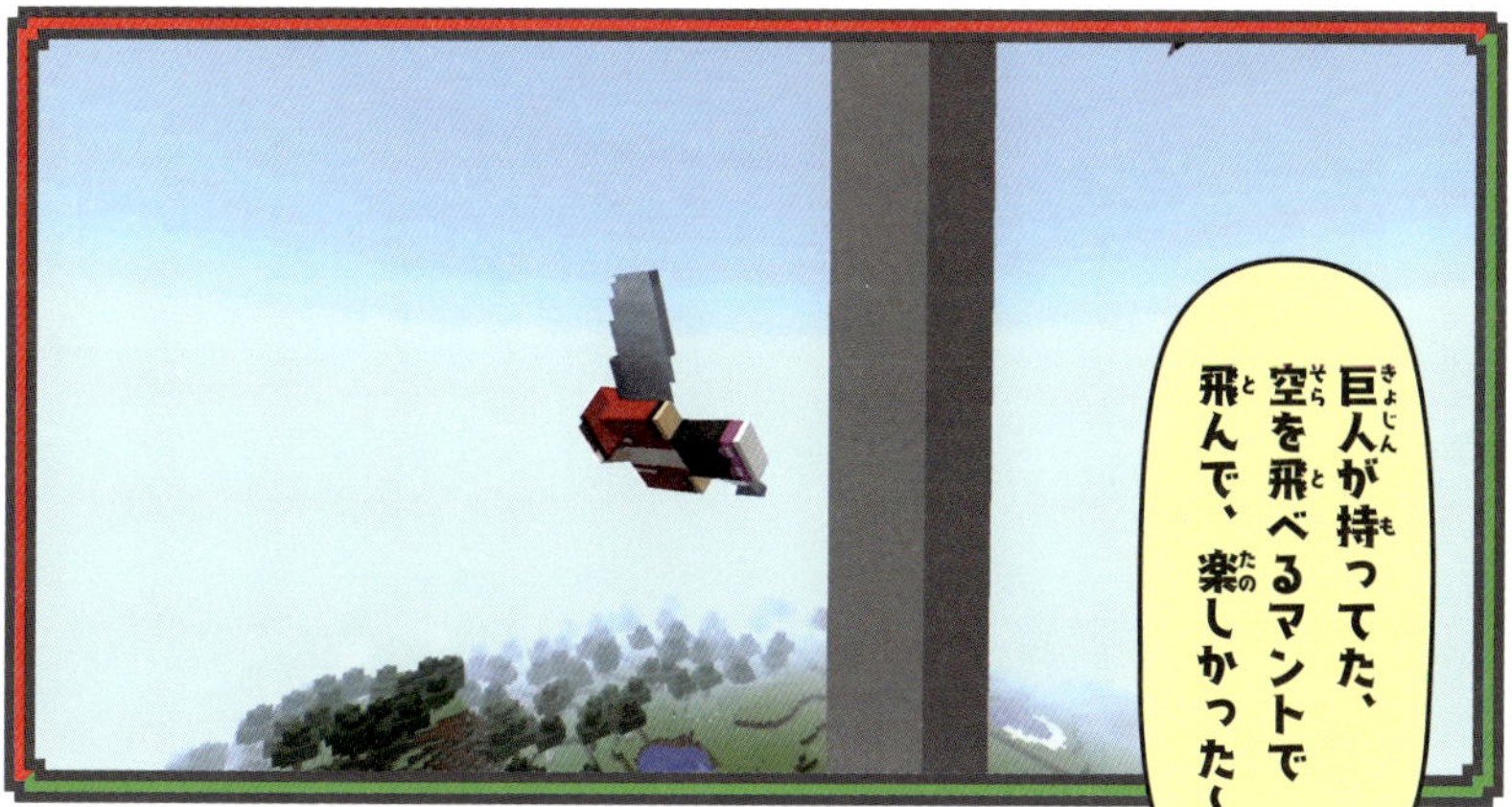

巨《きょ》人《じん》が持《も》ってた、空《そら》を飛《と》べるマントで飛《と》んで、楽《たの》しかった〜

つかい方《かた》

巨《きょ》人《じん》をたおすため、だれものぼったことがない、ひみつの塔《とう》にのぼったぞ。**前《ぜん》人《じん》未《み》踏《とう》**だ！

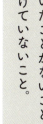

前《ぜん》代《だい》未《み》聞《もん》

意味《いみ》

今《いま》まで一度《いちど》も聞《き》いたことがないような、めずらしいこと。おどろくべきこと。

関連《かんれん》する言葉《ことば》

似　空《くう》前《ぜん》絶《ぜつ》後《ご》

対　日《にち》常《じょう》茶《さ》飯《はん》

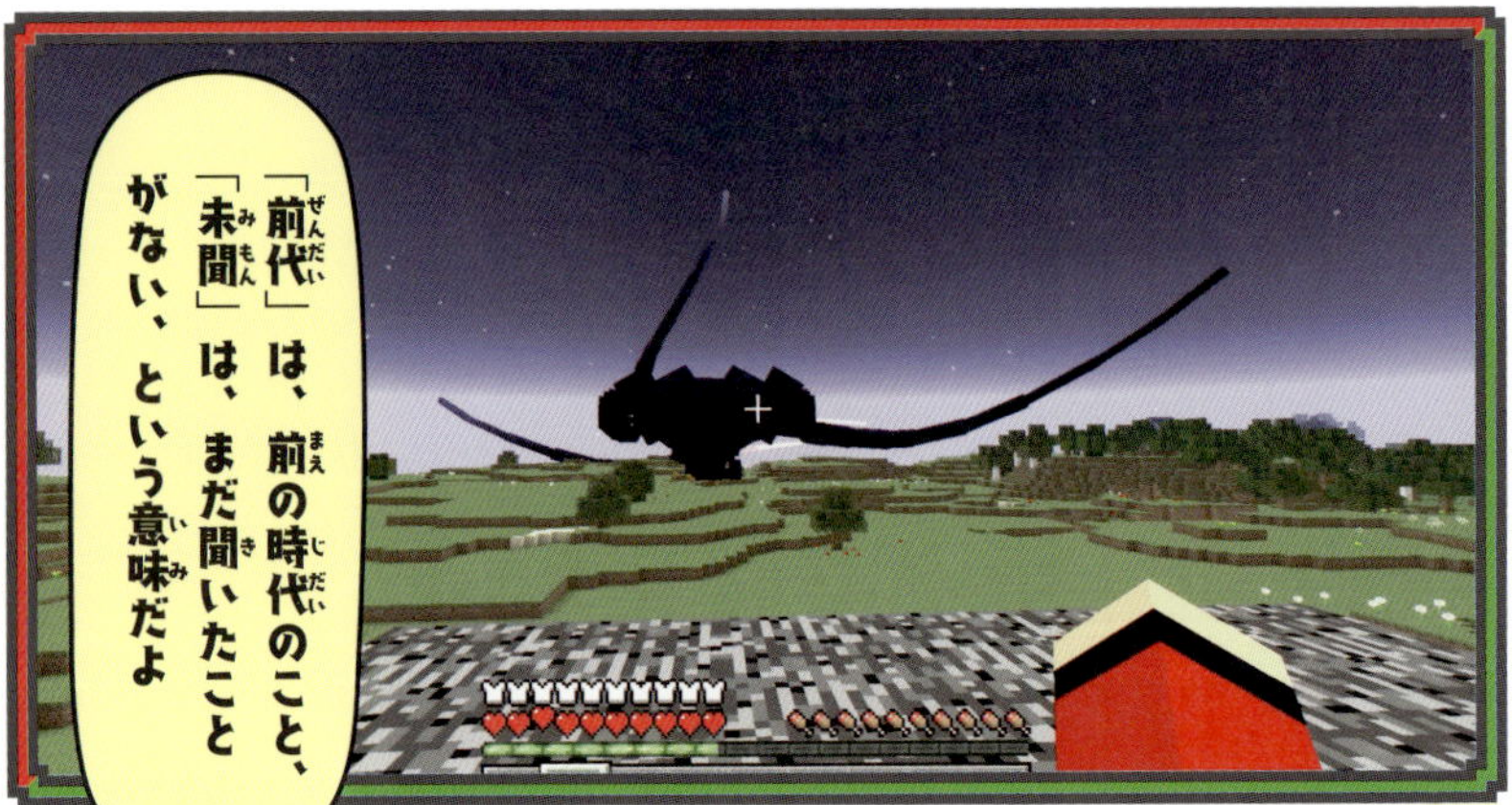

「前代《ぜんだい》」は、前《まえ》の時代《じだい》のこと、「未聞《みもん》」は、まだ聞《き》いたことがない、という意味《いみ》だよ

つかい方《かた》

最強《さいきょう》の敵《てき》、ウィザーストームがあらわれた！　ぜんいちのセキュリティもきかない。その強《つよ》さは**前代《ぜんだい》未聞《みもん》**だ。

せ

せ

先《せん》手《て》必《ひっ》勝《しょう》

意《い》味《み》

相《あい》手《て》より先《さき》にせめていけば、かならず勝《か》てたり、有利《ゆうり》な立《たち》場《ば》になれたりするということ。

関《かん》連《れん》する言《こと》葉《ば》

似 先《せん》制《せい》攻《こう》撃《げき》

似 先《さき》んずれば人《ひと》を制《せい》す

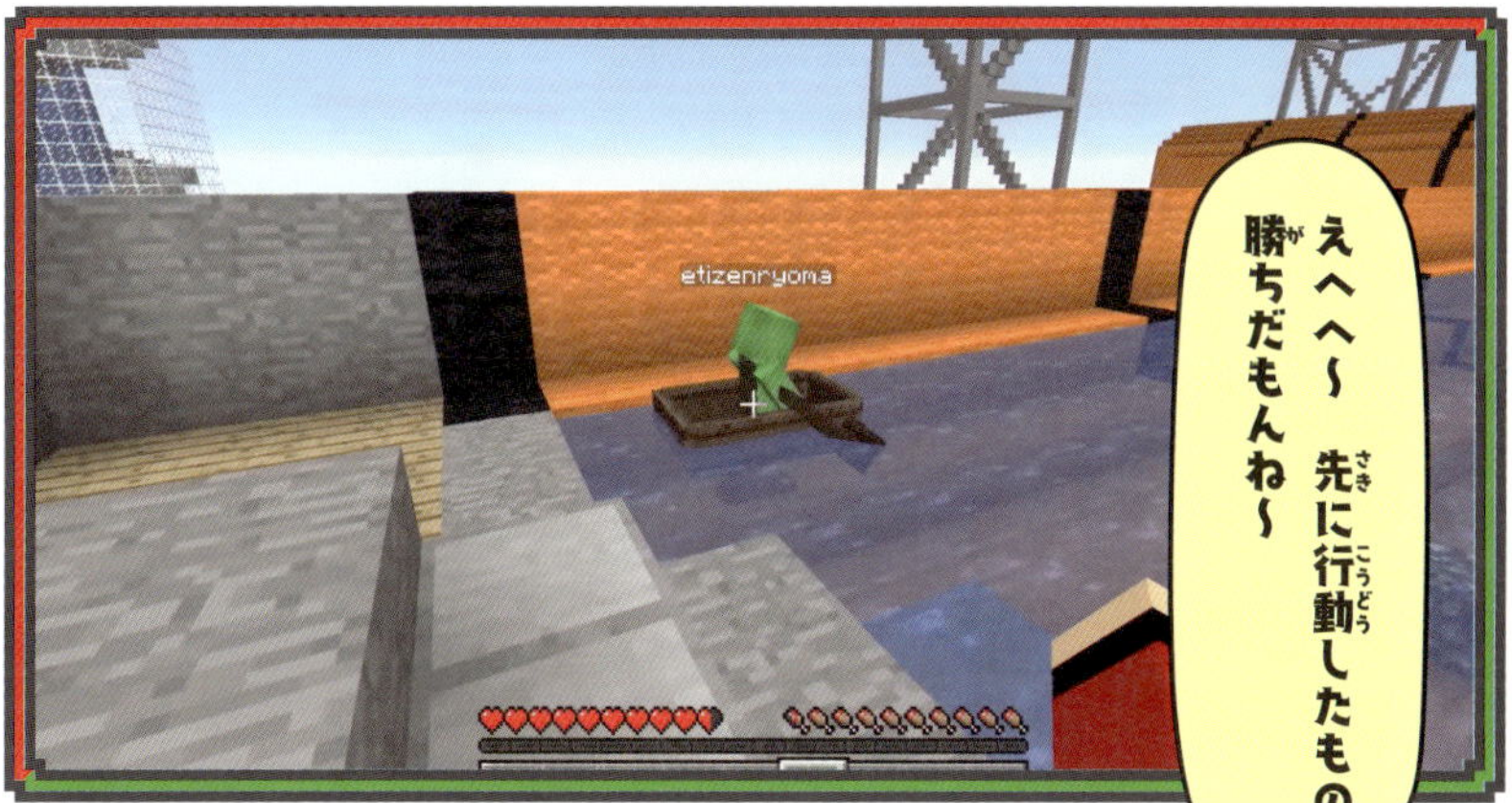

えへへ〜　先《さき》に行《こう》動《どう》したもの勝《が》ちだもんね〜

つかい方《かた》

巨大《きょだい》ウォータースライダーで競争《きょうそう》だ！　マイッキーは**先手必勝**《せんてひっしょう》とばかり、ぜんいちのボートをこわして先《さき》に行《い》ってしまった。

千変万化《せんぺんばんか》

意味《いみ》

ものごとがいろいろにかわっていくこと。

関連《かんれん》する言葉《ことば》

似 変幻自在《へんげんじざい》

ゆかがかくし階段《かいだん》になったり、池《いけ》が脱出《だっしゅつ》ルートになったり、すっごくおもしろかった！

つかい方《かた》

マイッキーが招待《しょうたい》されたぜんいちの新《あたら》しい家《いえ》は、千変万化《せんぺんばんか》するしかけに守《まも》られた最強《さいきょう》のセキュリティハウスだった。

せ

そ

創《そう》意《い》工《く》夫《ふう》

意《い》味《み》

それまでの考《かんが》え方《かた》ややり方《かた》にとらわれない、新《あたら》しい思《おも》いつきと工夫《くふう》。

「創意工夫《そういくふう》をこらす」や、「創意工夫《そういくふう》に富《と》む」などの形《かたち》でつかうことが多《おお》いよ

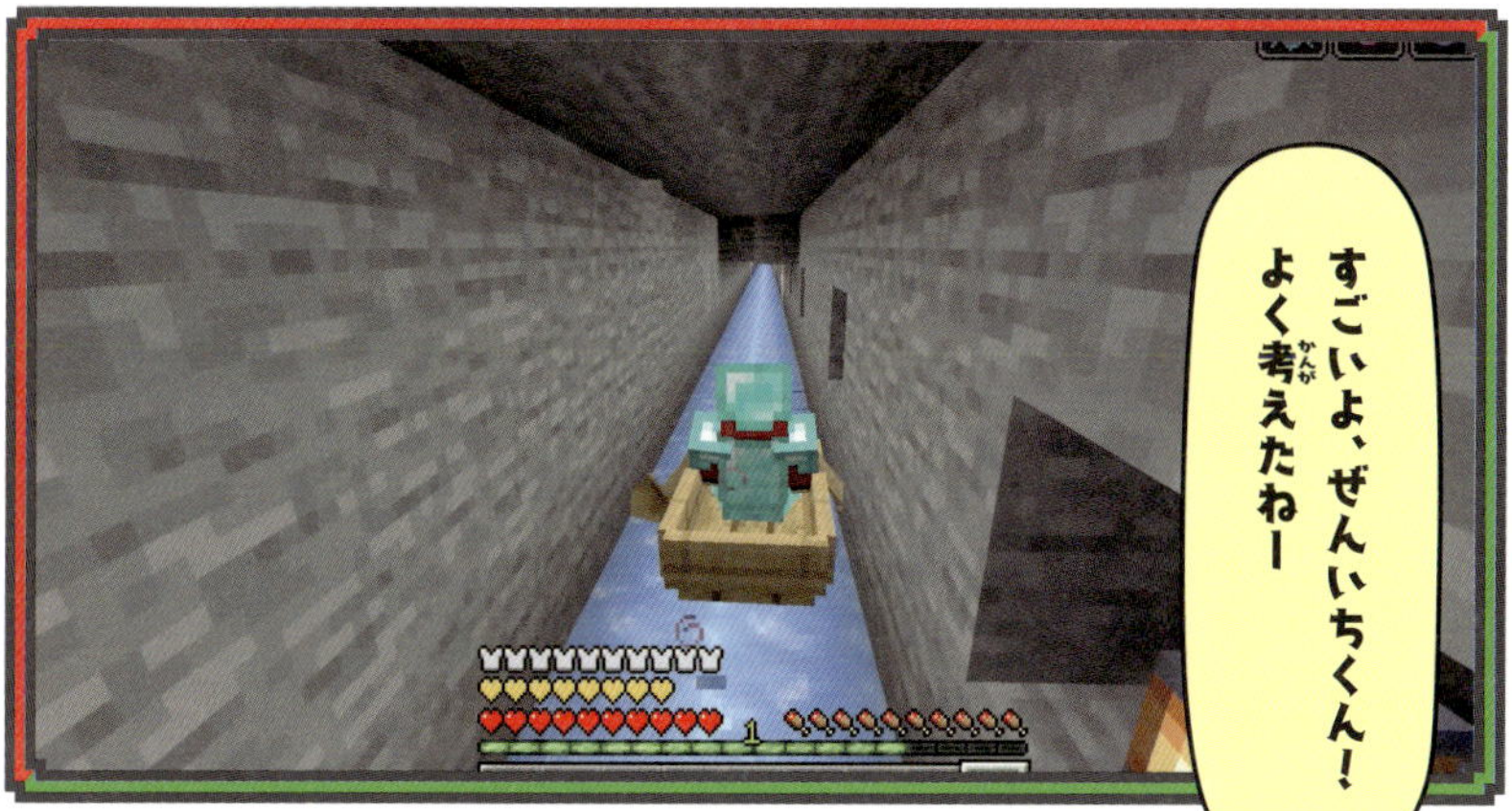

すごいよ、ぜんいちくん！よく考《かんが》えたねー

つかい方《かた》

ぜんいちが**創意工夫**《そういくふう》をこらした脱出経路《だっしゅつけいろ》を進《すす》むよ！氷《こおり》の上《うえ》をボートですべると、すごく速《はや》い！

大《たい》器《き》晩《ばん》成《せい》

た

意《い》味《み》

人《ひと》よりすぐれた才能《さいのう》のある人《ひと》は、わかいときはあまり目立《めだ》たないが、年《とし》をとってから本当《ほんとう》の力《ちから》をしめし、りっぱになるということ。

関連《かんれん》する言葉《ことば》

似 大《おお》きいやかんは沸《わ》きが遅《おそ》い

対 栴檀《せんだん》は双葉《ふたば》より芳《かんば》し

つかい方《かた》

ジャンプして進《すす》むアスレチックだ！ 何度《なんど》落《お》ちてもあきらめずに、ぜんいちについていったマイッキーはりっぱだね。**大《たい》器《き》晩《ばん》成《せい》**タイプかも。

「大器《たいき》」は大《おお》きな器《うつわ》のこと、
「晩成《ばんせい》」はできあがるのがおそいこと、だよ

そういうことだっけ……

ぼくって大《たい》器《き》晩《ばん》成《せい》タイプだと思《おも》うんだよね
きっとりっぱなカメになるはず
りっぱになるには今《いま》のがんばりも大切《たいせつ》じゃない？
たしかに！よーし……
今《いま》のうちにサインの練習《れんしゅう》をしておくよ！
それで大器《たいき》になれるかな？

大《たい》義《ぎ》名《めい》分《ぶん》

意《い》味《み》

そうすることが正《ただ》しいということをみとめさせるための、りっぱな理由《りゆう》。

関《かん》連《れん》する言《こと》葉《ば》

似 錦《にしき》の御旗《みはた》

「言《い》いわけに代《か》わる言葉《ことば》」という意味《いみ》でつかわれることが多《おお》いよ

つかい方《かた》

立入禁止《たちいりきんし》の島《しま》を調査《ちょうさ》することになったマイッキー。仕事《しごと》ぶりを学《まな》ぶという**大義名分《たいぎめいぶん》**で、スパークマンも行《い》くというけど、あやしいなあ……。

た

大《だい》胆《たん》不《ふ》敵《てき》

意《い》味《み》

とてもどきょうがあって、敵《てき》を敵《てき》とも思《おも》わずにおそれない様子《ようす》。

関《かん》連《れん》する言《こと》葉《ば》

対 小心翼々《しょうしんよくよく》　戦々恐々《せんせんきょうきょう》

えへ！ どうしても、中《なか》を見《み》たくなっちゃったんだもん

つかい方《かた》

ぜんいちの宝物《たからもの》小《ご》屋《や》にしのびこんだマイッキー。すぐとなりの家《いえ》にぜんいちがいるのに、**大胆《だいたん》不敵《ふてき》**だなあ！

大《だい》同《どう》小《しょう》異《い》

意《い》味《み》

少《すこ》しのちがいはあるが、だいたい同《おな》じで、ほとんど差《さ》がないこと。

関《かん》連《れん》する言《こと》葉《ば》

似 五《ご》十《じっ》歩《ぽ》百《ひゃっ》歩《ぽ》

似 どんぐりの背《せい》比《くら》べ

ほら、どっちが本物《ほんもの》のマイッキーか、見《み》てもわからないでしょ？

つかい方《かた》

ぜんいちが「ロボマイッキー」を作《つく》ったぞ。マイッキーは「ヘンな顔《かお》！」って言《い》うけど、本人《ほんにん》とロボの見《み》た目《め》は**大同小異**《だいどうしょうい》だよ。

単刀直入《たんとうちょくにゅう》

意味《いみ》

前《まえ》おきや、遠回《とおまわ》しな言《い》い方《かた》をせず、いきなりものごとの中《ちゅう》心《しん》に入《はい》ること。

刀《かたな》を持《も》って、ひとりで敵《てき》の中《なか》に飛《と》びこむということから、こう言《い》うよ

つかい方《かた》

「マイッキーは実《じつ》はわしの子《こ》どもじゃないんじゃ……」おじいちゃんは単刀直入《たんとうちょくにゅう》に打《う》ち明《あ》けた。

朝三暮四《ちょうさんぼし》

意《い》味《み》

目先《めさき》の損得《そんとく》にこだわって、結《けっ》果《か》がかわらないことまで気《き》が回《まわ》らないこと。また、うまいことを言《い》って人《ひと》をだますこと。

「得《とく》だ」と思《おも》って深《ふか》く考《かんが》えずに飛《と》びついたら、得《とく》ではなかった、というようなときにつかうよ

あの病院《びょういん》は、人体《じんたい》じっけんをしていて、ほんとにヤバかったよね！

つかい方《かた》

刑務所《けいむしょ》ではたらくのがいやで、病気《びょうき》のふりをして病院《びょういん》へ行《い》きたがるマイッキー。でも病院《びょういん》もやみが深《ふか》いと有名だから、**朝《ちょう》三暮四《さんぼし》**だと思《おも》うけどなあ……。

ち

適材適所《てきざいてきしょ》

意味《いみ》

その人《ひと》の性格《せいかく》や才能《さいのう》に合《あ》った役目《やくめ》や仕事《しごと》を受《う》け持《も》たせること。

関連《かんれん》する言葉《ことば》

対 大器小用《たいきしょうよう》

ぼく、カメだから！
ぼくにピッタリ〜

つかい方《かた》

動物《どうぶつ》の言葉《ことば》がわかるマイッキーが、動物《どうぶつ》の生態系調査《せいたいけいちょうさ》をすることに。まさに適材適所《てきざいてきしょ》の任務《にんむ》だね！

東《とう》奔《ほん》西《せい》走《そう》

意《い》味《み》

用事《ようじ》や仕事《しごと》などのために、あちこちいそがしくかけ回《まわ》ること。

関連《かんれん》する言葉《ことば》

似 南《なん》船《せん》北《ほく》馬《ば》

mikey maizen
12
「東奔《とうほん》」は、東《ひがし》に走《はし》ること、「西走《せいそう》」は、西《にし》に走《はし》ることだよ

つかい方《かた》

ケーキどろぼうをさがして東《とう》奔西走《ほんせいそう》したけれど、見《み》つからない！ どうやらこの地下《ちか》にはいないようだ。

ぼくの大事《だいじ》なケーキが〜!!
あちこちさがしても、見《み》あたらないよ〜！

はたらきものだね

今日《きょう》は透明《とうめい》になるプログラムでぜんいちくんのあとをつけちゃうよ！
さっきは海《うみ》でこんどは山《やま》かーあちこち行《い》くなー
ちょっ ちょっと
まってよ〜〜〜
そんなにつかれてどうしたの？
ちょっと東奔西走《とうほんせいそう》しちゃって〜〜

と

二束三文《にそくさんもん》

意《い》味《み》

とても安《やす》いねだんのこと。

「文《もん》」は昔《むかし》の一番安《いちばんやす》い
お金《かね》の単位《たんい》だよ！

ビッグなクエスト
じゃないと、やる気《き》
が出《で》ないんだよね〜

つかい方《かた》

クエストをこなしてお金《かね》をかせぐ世《せ》界《かい》に来《き》たけど、二束三文《にそくさんもん》のクエストなんてやってられない！　１億円《おくえん》のクエストにチャレンジだ。

日《にっ》進《しん》月《げっ》歩《ぽ》

意《い》味《み》

科学《かがく》・文化《ぶんか》などが、速《はや》いスピードでたえまなく進歩《しんぽ》すること。

関連《かんれん》する言葉《ことば》

対 旧《きゅう》態《たい》依《い》然《ぜん》

日《ひ》ごと、月《つき》ごとに
進《しん》歩《ぽ》する、という意《い》味《み》
からだよ

つかい方《かた》

トラップの技術《ぎじゅつ》は**日《にっ》進《しん》月《げっ》歩《ぽ》**！マイッキーも、本《ほん》を読《よ》んで勉《べん》強《きょう》しているよ。

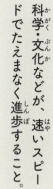

破《は》顔《がん》一《いっ》笑《しょう》

意《い》味《み》

顔《かお》をほころばせて、にっこりわらうこと。

とてもうれしいときにつかってね

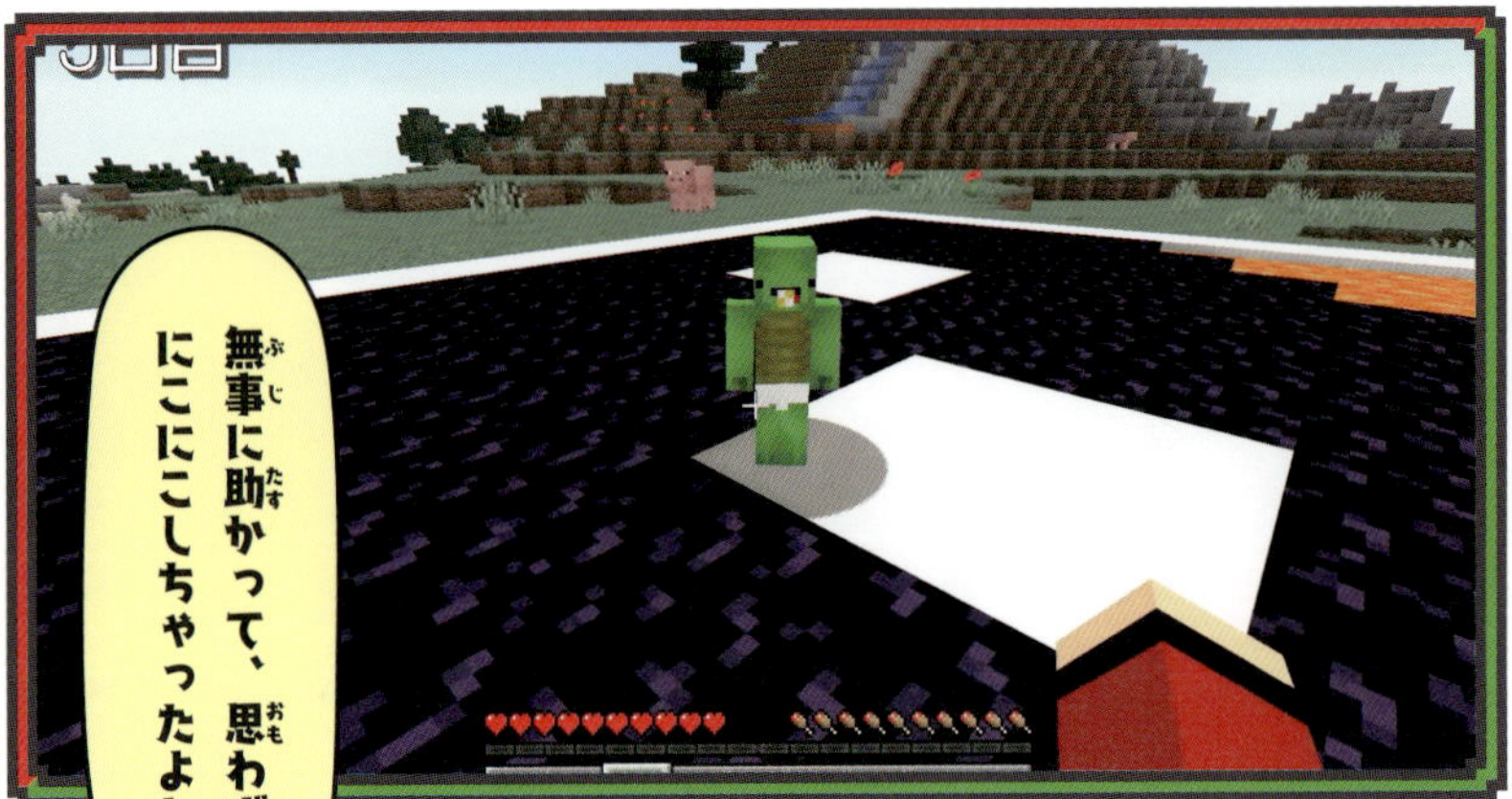

無事《ぶじ》に助《たす》かって、思《おも》わずにこにこしちゃったよね

つかい方《かた》

のろいで赤《あか》ちゃんになってしまったマイッキーが、マグマに落下《らっか》！　無事《ぶじ》ぜんいちに助《たす》けだされて**破顔一笑**《はがんいっしょう》した。

馬耳東風《ばじとうふう》

意味《いみ》

人《ひと》の言《い》ったことなどを、少《すこ》しも気《き》にかけないこと。聞《き》き流《なが》すこと。

関連《かんれん》する言葉《ことば》

似 馬《うま》の耳《みみ》に念仏《ねんぶつ》

もとは、馬《うま》の耳《みみ》に春風《はるかぜ》がふいても、馬《うま》はなにも感《かん》じない、っていう意味《いみ》だよ

つかい方《かた》

ぜんいちが、金《きん》がかくれている場《ば》所《しょ》のヒントを教《おし》えてあげたのに、マイッキーには馬耳東風《ばじとうふう》。気《き》にせずに通《とお》りすぎちゃったよ。

八《はっ》方《ぽう》美《び》人《じん》

意《い》味《み》

だれからもよく思《おも》われるように、みんなにあいそよくする人《ひと》のこと。

この四字熟語《よじじゅくご》は、あまりよい意味《いみ》ではつかわれないよ

かわいいんだもん！
みんなかわいがるよ～

つかい方《かた》

「大事《だいじ》なのはブタのチーターちゃんだけ」と言《い》いながら、出会《であ》ったオオカミやパンダにも「きみが一番《いちばん》！」と話《はな》しかけるマイッキー。八方美人《はっぽうびじん》だね。

波《は》瀾《らん》万《ばん》丈《じょう》

意《い》味《み》

さまざまなできごとや事件《じけん》が起《お》こり、その変化《へんか》がとてもはげしいこと。

関連《かんれん》する言葉《ことば》

同 波乱万丈《はらんばんじょう》

対 順風満帆《じゅんぷうまんぱん》

この後《あと》、買《か》われて、ワニのえさになるところだったんだよね〜！

つかい方《かた》

森《もり》で育《そだ》ったマイッキー。はじめて町《まち》へ出《で》かけたとたんに、ペットショップに売《う》られてしまった……マイッキーの人生《じんせい》は**波瀾万丈**《はらんばんじょう》だ。

人《ひと》の様子《ようす》や態度《たいど》をあらわす四字熟語《よじじゅくご》

きみや、きみの友《とも》だちにぴったりの言葉《ことば》があるかな〜？

言行一致《げんこういっち》

言《い》ったことと、実際《じっさい》にやることに、食《く》いちがいがないこと。

厚顔無恥《こうがんむち》

とてもずうずうしくて、あつかましい様子《ようす》。

才色兼備《さいしょくけんび》

才能《さいのう》と見《み》た目《め》の美《うつく》しさの両方《りょうほう》をそなえていること。

巧言令色《こうげんれいしょく》

気《き》に入《い》られようとして、かざったことを言《い》ったり、表情《ひょうじょう》をつくろったりすること。

新進気鋭《しんしんきえい》

ある分野《ぶんや》に新《あたら》しい人《ひと》があらわれ、今後《こんご》が期待《きたい》されること。また、その人《ひと》。

独立独歩《どくりつどっぽ》

他《ほか》の人《ひと》にたよらず、自分《じぶん》の思《おも》うとおりにすること。

内柔外剛《ないじゅうがいごう》

おだやかでやさしいが、見《み》た目《め》はいかめしくて強《つよ》そうなこと。

品行方正《ひんこうほうせい》

行《おこな》いが正《ただ》しく、きちんとしていること。

刑務所《けいむしょ》で急《きゅう》に品行方正《ひんこうほうせい》になった、マイッキー……なんかあやしいよね

明鏡止水《めいきょうしすい》

心《こころ》がすみきっていて、安《やす》らかで落《お》ち着《つ》いていること。

唯我独尊《ゆいがどくそん》

自分《じぶん》だけがえらいと思《おも》って、うぬぼれること。

半《はん》死《し》半《はん》生《しょう》

意《い》味《み》

生《い》きるか死《し》ぬかのさかい目《め》。

ちょっとかわいそうだったけど
ロボマイッキーは、任務《にんむ》のため
なら、ようしゃしないんだ

つかい方《かた》

ぜんいちが作《つく》ったロボマイッキーは最強《さいきょう》！　ぬすみに入《はい》ろうとしたどろぼうは**半《はん》死《し》半《はん》生《しょう》**の目《め》にあわされた。

は

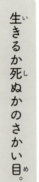

半信半疑《はんしんはんぎ》

意味《いみ》

半分《はんぶん》信《しん》じて、半分《はんぶん》うたがっていて、心《こころ》を決《き》められない様子《ようす》。

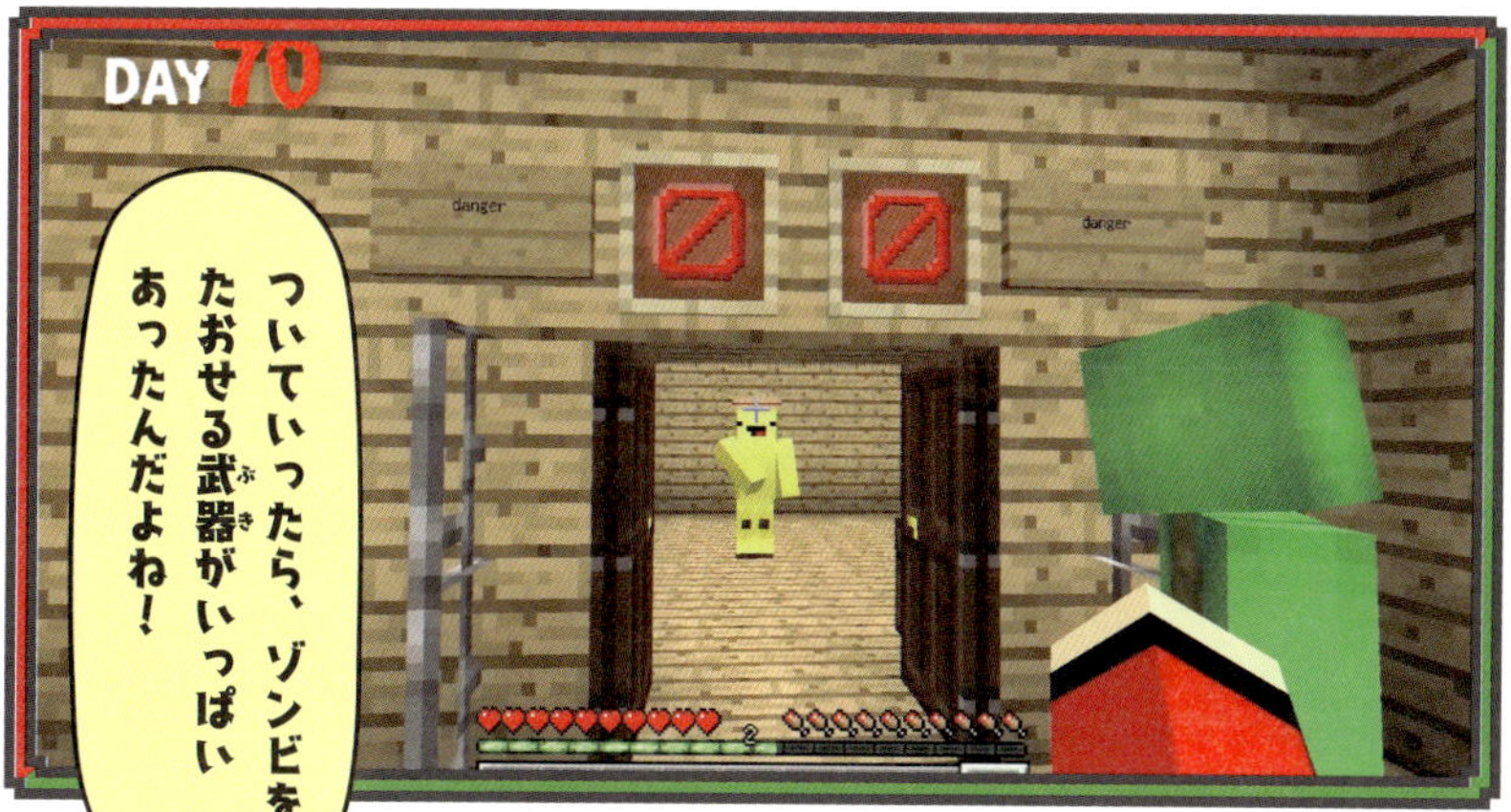

DAY 70
danger
danger

ついていったら、ゾンビをたおせる武器《ぶき》がいっぱいあったんだよね！

つかい方《かた》

バナナくんが手《て》まねきしているけど、ドアに「きけん」マークがあるよ。入《はい》ってだいじょうぶなのか、マイッキーは**半信半疑**《はんしんはんぎ》だ。

百《ひゃく》戦《せん》錬《れん》磨《ま》

意《い》味《み》

じっさいの世《よ》の中《なか》で多《おお》くのことを経験《けいけん》して、きたえあげられること。

関《かん》連《れん》する言《こと》葉《ば》

似 海千山千《うみせんやません》　千軍万馬《せんぐんばんば》

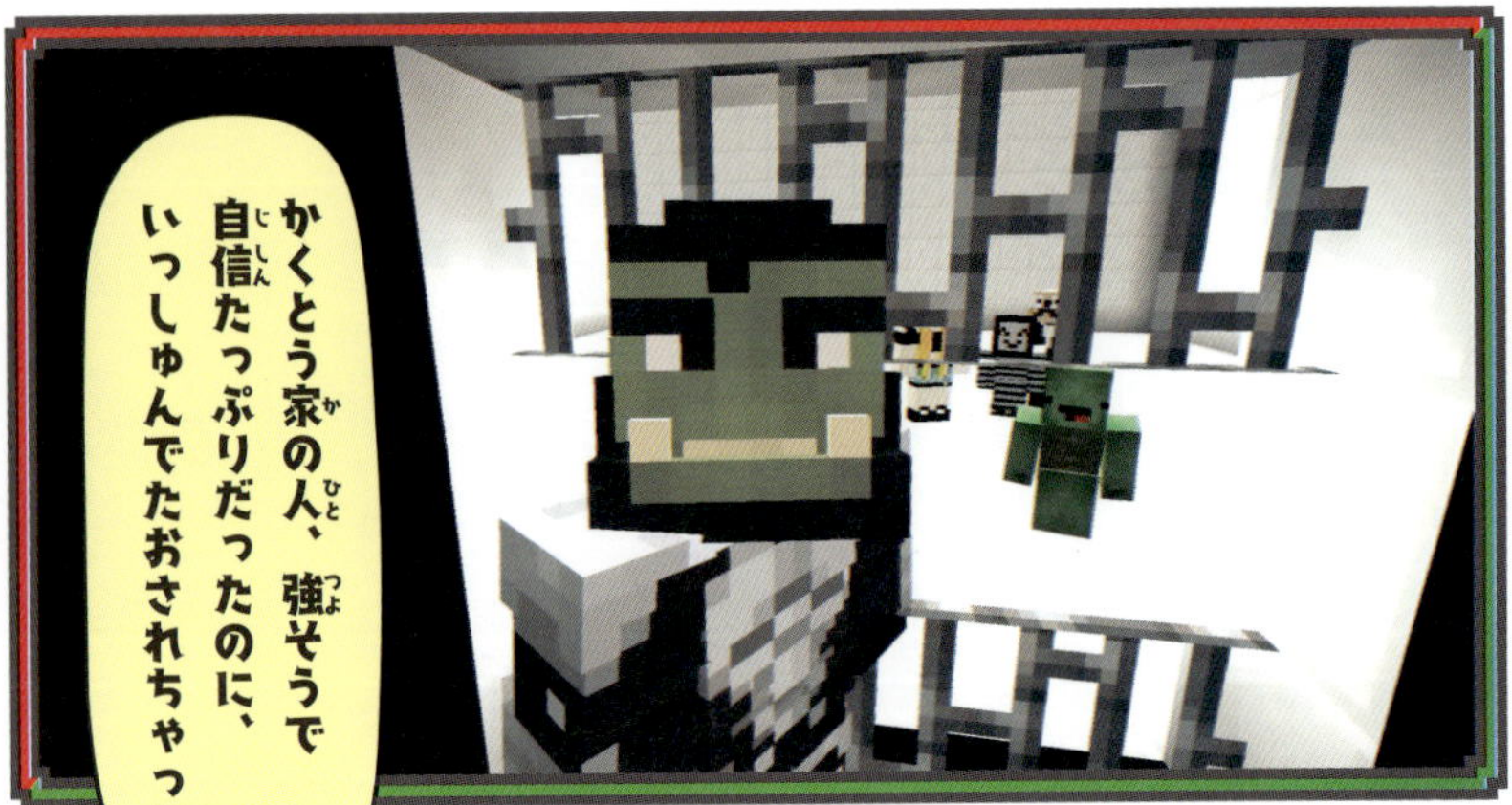

かくとう家《か》の人《ひと》、強《つよ》そうで自信《じしん》たっぷりだったのに、いっしゅんでたおされちゃった

つかい方《かた》

マイッキーが閉《と》じこめられたのは、**百戦錬磨**《ひゃくせんれんま》の天才《てんさい》かくとう家《か》さえやっつけられてしまうおそろしい刑務所《けいむしょ》！　さあどうする!?

ひ

百発百中《ひゃっぱつひゃくちゅう》

意味《いみ》

銃《じゅう》をうったり弓《ゆみ》を射《い》たりするとかならずたまや矢《や》が命中《めいちゅう》すること。予想《よそう》や計画《けいかく》が、すべて当《あ》たること。

ぼくもう、射撃《しゃげき》の名人《めいじん》になっちゃったよ

DAY80

これでゾンビが来《き》ても、にがさないでしとめられるね！

つかい方《かた》

ゾンビだらけの島《しま》にやってきたマイッキーたち。身《み》を守《まも》るために射撃《しゃげき》の練習《れんしゅう》をしたので、今《いま》では百発百中《ひゃっぱつひゃくちゅう》だ！

不言実行《ふげんじっこう》

意味《いみ》

あれこれ言《い》わずに、よいと思《おも》うことをだまって行《おこな》うこと。

関連《かんれん》する言葉《ことば》

対 有言実行《ゆうげんじっこう》

「不言実行《ふげんじっこう》」をまねして言《い》いかえた言葉《ことば》が「有言実行《ゆうげんじっこう》」なんだって！

ゾンビはこわいけど、つべこべ言《い》っているよゆうは、なかったよね

つかい方《かた》

病院《びょういん》を開業《かいぎょう》したぜんいちたち。熱中症《ねっちゅうしょう》でたおれたちびゾンビを見《み》つけたので、**不言実行《ふげんじっこう》**で助《たす》けてあげた。

ふ

不《ふ》眠《みん》不《ふ》休《きゅう》

意《い》味《み》

ものごとをするために、眠《ねむ》ることも休《やす》むこともしないこと。

関《かん》連《れん》する言《こと》葉《ば》

似 昼夜兼行《ちゅうやけんこう》

ぜんいちくん、ねないでがんばってくれてたんだね！

つかい方《かた》

おそろしいモンスターは夜《よる》にバナナくんをおそってくるらしい。大切《たいせつ》な友《とも》だちを守《まも》るため、不眠《ふみん》不休《ふきゅう》でそなえるぞ！

付《ふ》和《わ》雷《らい》同《どう》

意《い》味《み》

自分《じぶん》の考《かんが》えがなく、他人《たにん》の意《い》見《けん》にすぐ調子《ちょうし》を合《あ》わせること。

関連《かんれん》する言葉《ことば》

対 初志貫徹《しょしかんてつ》　独立独歩《どくりつどっぽ》

「付《ふ》和《わ》」を「不《ふ》和《わ》」と書《か》きまちがえないように、気《き》をつけてね

つかい方《かた》

事件《じけん》のなぞときをするマイッキー。はじめはブゥをあやしがっていたのに、村《むら》のうわさを聞《き》いたら「ピエロがあやしい！」と言《い》い出《だ》した。付和雷同《ふわらいどう》だなあ。

ふ

粉骨砕身《ふんこつさいしん》

意味《いみ》

力《ちから》いっぱい、努力《どりょく》をすること。

関連《かんれん》する言葉《ことば》

似　一生懸命《いっしょうけんめい》　苦心惨憺《くしんさんたん》　粒々辛苦《りゅうりゅうしんく》

似　身《み》を粉《こ》にする　身《み》を砕《くだ》く

ぜんいちくん、ありがとう～！
ワニに食《た》べられずにすんだ！

つかい方《かた》

密猟者《みつりょうしゃ》につかまってしまったマイッキー！　ぜんいちはマイッキーをすくい出《だ》すために**粉骨砕身《ふんこつさいしん》**した。

平身低頭《へいしんていとう》

意味《いみ》

体《からだ》を低《ひく》くして深《ふか》く頭《あたま》を下《さ》げ、心《こころ》からおそれ多《おお》く思《おも》ったり、あやまったりすること。

関連《かんれん》する言葉《ことば》

似 三拝九拝《さんぱいきゅうはい》

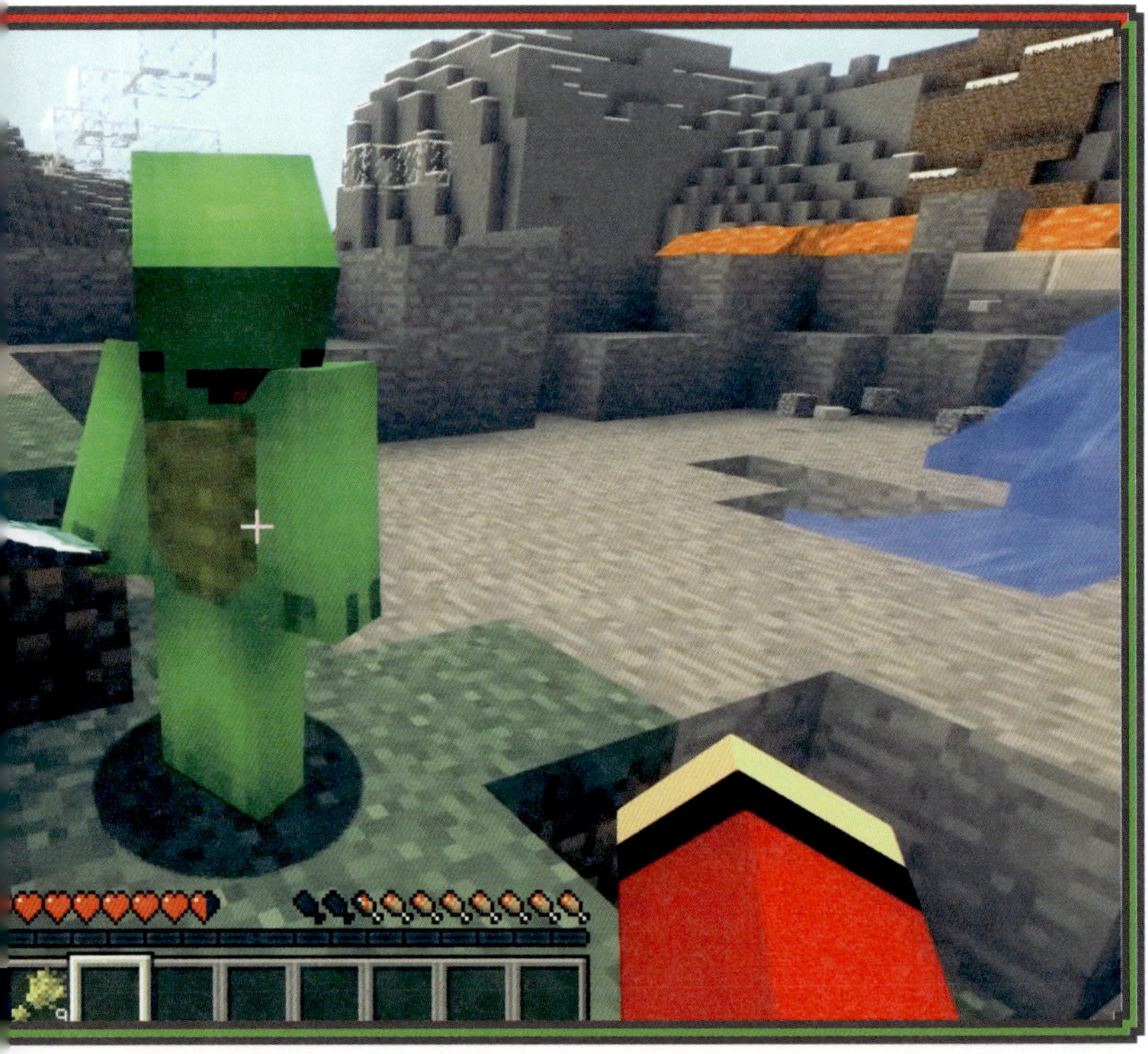

つかい方《かた》

部屋《へや》で見《み》つけたレバーを引《ひ》いて、ぜんいちの家《いえ》を爆発《ばくはつ》させてしまったマイッキー。宝物《たからもの》のダイヤをあげるからゆるしてと、**平身低頭《へいしんていとう》**あやまった。

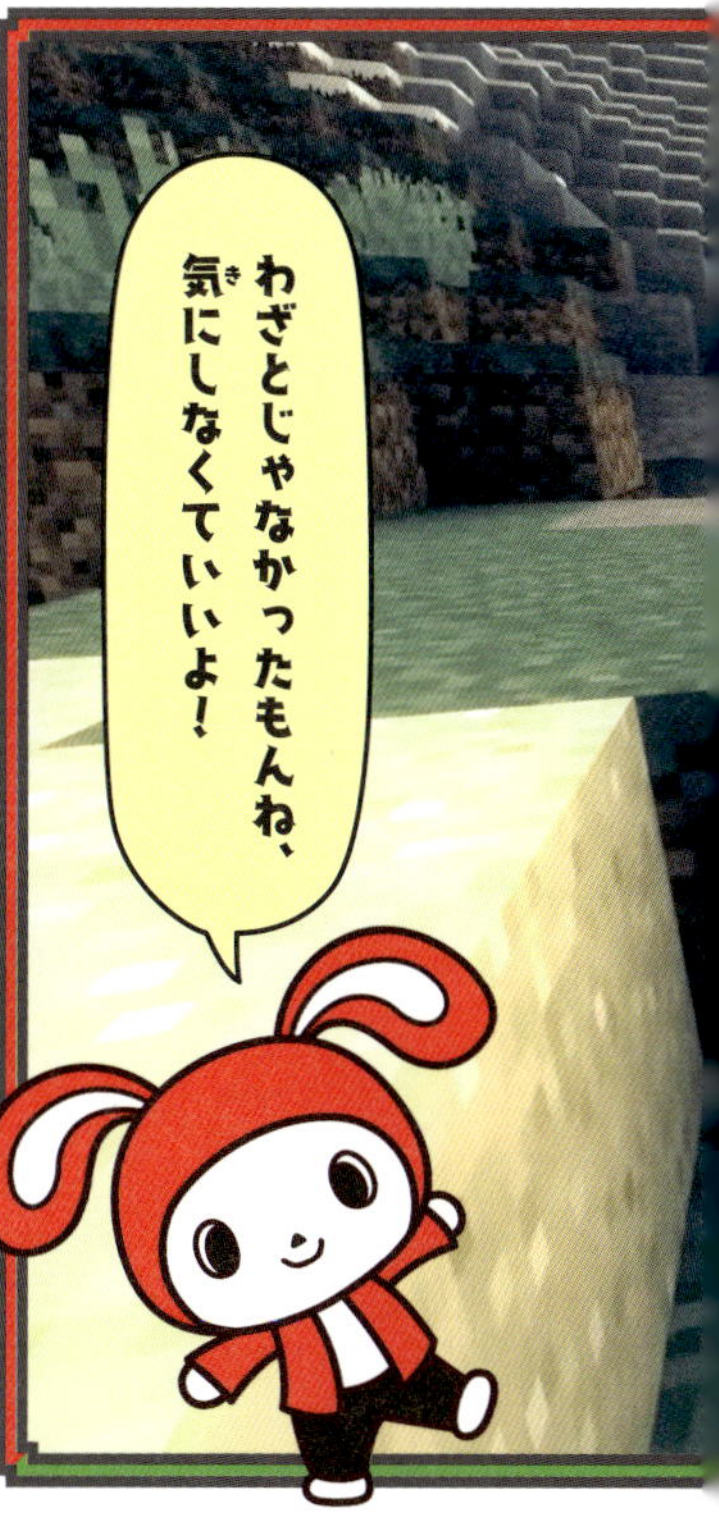
わざとじゃなかったもんね、気《き》にしなくていいよ！

カメさんごめんよ

ぼくのおやつ食《た》べちゃったの!?
あの その ごめんよ〜〜
平身低頭《へいしんていとう》！あやまるから！
バッ
そこまでしなくても……
あれ？
マイッキーったらカメを身代《みが》わりにしたな

傍《ぼう》若《じゃく》無《ぶ》人《じん》

意《い》味《み》

わがままで、勝手《かって》気《き》ままにふるまうこと。

関連《かんれん》する言葉《ことば》

似
得手勝手《えてかって》　勝手気儘《かってきまま》

かわいいペットをたたくなんて、ぼく、ゆるせない！

つかい方《かた》

マイッキーをペットショップで買《か》ったお金《かね》持《も》ちのブゥは、とっても傍若無人《ぼうじゃくぶじん》。ペットのブタさんをたたくなんてひどいよ！

茫《ぼう》然《ぜん》自《じ》失《しつ》

意《い》味《み》

気《き》がぬけて、ぼんやりしてしまうこと。

バナナくんが、ヘリコプターの出口《でぐち》を開《あ》けに行《い》ってくれたんだよね

つかい方《かた》

バナナくんのおかげで、ゾンビ島《じま》から脱出《だっしゅつ》できたマイッキーとぜんいち。だけど、バナナくんがぎせいになってしまった……。ヘリコプターの中《なか》でふたりは**茫《ぼう》然《ぜん》自《じ》失《しつ》**だ。

本《ほん》末《まっ》転《てん》倒《とう》

意《い》味《み》

ものごとの大切《たいせつ》なことと、大《たい》切《せつ》でないことが反対《はんたい》になること。

関《かん》連《れん》する言《こと》葉《ば》

似 主客転倒《しゅかくてんとう》

だってプールもあるし、ゲームもできるし、このシェルター最高《さいこう》だよ～

つかい方《かた》

ゾンビ島《じま》に作《つく》ったシェルターがいごこちよすぎて、脱出《だっしゅつ》する気《き》がなくなってきただなんて、本末転倒《ほんまつてんとう》だよマイッキー。

ほ

三日坊主《みっかぼうず》

意味《いみ》

あきやすくて、長続《ながつづ》きしないこと。また、そのような人《ひと》。

もともとは、お坊《ぼう》さんになっても修行《しゅぎょう》がきびしくて、すぐやめる人《ひと》が多《おお》いことから、だよ

はたらくの、あきちゃったんだも〜ん

み

つかい方《かた》

おもちゃ工場《こうじょう》ではたらくという罰《ばつ》を受《う》けたのに、マイッキーったら三日坊主《みっかぼうず》でにげ出《だ》しちゃった！

無《む》我《が》夢《む》中《ちゅう》

意味《いみ》

あることに一生《いっしょう》懸命《けんめい》になり、他《ほか》のことをわすれてしまう様子《ようす》。

関連《かんれん》する言葉《ことば》

似　一意専心《いちいせんしん》　一心不乱《いっしんふらん》

「無《む》我《が》無《む》中《ちゅう》」「無《む》我《が》霧《む》中《ちゅう》」はまちがいだよ！

つかい方《かた》

問題解決能力《もんだいかいけつのうりょく》をテストされるプロドクターしけんに合格《ごうかく》するため、ぜんいちとマイッキーは**無《む》我《が》夢《む》中《ちゅう》**で修業《しゅぎょう》をした！

無味乾燥《むみかんそう》

意味《いみ》

おもしろみや味《あじ》わいがなくて、つまらないこと。

いいの、いいの〜♪
これからすてきにすれば、
いいでしょ！

つかい方《かた》

マイッキーが得意《とくい》そうに見《み》つけてきた住《す》まいは、せまくてベッドしかない無味乾燥《むみかんそう》な家《いえ》だった。

む

門外不出《もんがいふしゅつ》

意味《いみ》

とても大切《たいせつ》なものを、持《も》ち出《だ》したり、かしたりしないで、自分《じぶん》のところにしまっておくこと。

バナナくんが、エイリアンのボスをやっつけてくれた！ありがとう！

つかい方《かた》

バナナくんが手《て》にしているのは、門外不出《もんがいふしゅつ》、バナナ王国《おうこく》の国宝《こくほう》になっている、でんせつのつえだ！

優《ゆう》柔《じゅう》不《ふ》断《だん》

意《い》味《み》

ぐずぐずして、ものごとを決《き》められない様《よう》子《す》。

関《かん》連《れん》する言葉《ことば》

似　意《い》志《し》薄《はく》弱《じゃく》

対　剛《ごう》毅《き》果《か》断《だん》　初《しょ》志《し》貫《かん》徹《てつ》　即《そく》断《だん》即《そっ》決《けつ》

まよっちゃダメ？　じゃあ、ぜんぶでおねがいします！

つかい方《かた》

食《しょく》後《ご》のデザートをえらぶために、30分《ぷん》待《ま》ってというマイッキー。優柔不断《ゆうじゅうふだん》だなあ！

有名無実《ゆうめいむじつ》

意味《いみ》

名前《なまえ》や評判《ひょうばん》はりっぱでも、中《なか》身《み》がそれにともなわないこと。

関連《かんれん》する言葉《ことば》

似 名存実亡《めいそんじつぼう》

KEEP OUT
INFECTED AREA
WARNING
BIOHAZARD
OUTBREAK
KEEP OUT
きけんな病気《びょうき》がいっぱいで、ぜんぜん安全《あんぜん》じゃなかったね！

つかい方《かた》

「安全《あんぜん》な国《くに》に行《い》ける飛行船《ひこうせん》」とは有名無実《ゆうめいむじつ》で、じっさいに着《つ》いたのは超《ちょう》きけんな国《くに》！　乗船料《じょうせんりょう》、1億《おく》円《えん》もしたのに！

ゆ

勇猛果敢《ゆうもうかかん》

意味《いみ》

勇《いさ》ましくて力強《ちからづよ》く、思《おも》い切《き》って実行《じっこう》すること。

関連《かんれん》する言葉《ことば》

似 剛毅果断《ごうきかだん》
対 優柔不断《ゆうじゅうふだん》

相手《あいて》の勇気《ゆうき》のある行動《こうどう》をほめるときにつかうんだって！

つかい方《かた》

きみょうな島《しま》の中《なか》を調《しら》べよう！ ぜんいちは**勇猛果敢《ゆうもうかかん》**にも、真《ま》っ暗《くら》な洞《どう》くつの中《なか》にひとり入《はい》っていった。

ゆ

悠《ゆう》々《ゆう》自《じ》適《てき》

意《い》味《み》

自分《じぶん》の思《おも》いのままに、のんびりと心《こころ》しずかにくらすこと。

関連《かんれん》する言葉《ことば》

似　一竿風月《いっかんふうげつ》　晴耕雨読《せいこううどく》

MUST BE
WORN
8
7
18
マイッキーはカメだから
水《みず》があると幸《しあわ》せそうだね

つかい方《かた》

きけんな世界《せかい》で、やっと安全《あんぜん》そうな場所《ばしょ》を見《み》つけたよ。泳《およ》ぐのにぴったりな水《すい》そうもあって、ここなら**悠々自適《ゆうゆうじてき》**にすごせそう！

うんうん、ここに住《す》もうよ！

そうこなくっちゃ！

バナナくんはバナナ王国《おうこく》の王子《おうじ》さまなんだよね？
じゃあ王国《おうこく》にもどったら悠々自適《ゆうゆうじてき》の生活《せいかつ》だね
いいなー
え？ここでいいって？
みんなと遊《あそ》ぶのも悠々自適《ゆうゆうじてき》だからって！

油《ゆ》断《だん》大《たい》敵《てき》

意味《いみ》

油断《ゆだん》をすると、思《おも》わぬ失敗《しっぱい》のもとになるということ。

関連《かんれん》する言葉《ことば》

対 用意周到《よういしゅうとう》

大変《たいへん》！ セキュリティをしっかり作《つく》ったから、だいじょうぶだと思《おも》ってたのに～

つかい方《かた》

シェルターのまわりに鉄《てつ》のさくを作《つく》って安心《あんしん》していたら、**油断《ゆだん》大敵《たいてき》**。ゾンビがさくをやぶって入《はい》ってきた！ 大《だい》ピンチだ！

用《よう》意《い》周《しゅう》到《とう》

意《い》味《み》

用《よう》意《い》が十分《じゅうぶん》にできていて、落《お》ち度《ど》がないこと。

関連《かんれん》する言葉《ことば》

対 油断大敵《ゆだんたいてき》

これで、地雷《じらい》や
TNT《ティーエヌティー》キャノンを
作《つく》ればだいじょうぶ！

よ

つかい方《かた》

ぜんいちが用意周到《よういしゅうとう》にボックスにそざいを入《い》れておいたので、強敵《きょうてき》ホエールイーターから身《み》を守《まも》るセキュリティを作《つく》れるよ！

立身出世《りっしんしゅっせ》

意《い》味《み》

世《よ》の中《なか》で成功《せいこう》し、高《たか》い地位《ちい》について、有名《ゆうめい》になること。

出世《しゅっせ》したら、本当《ほんとう》は、人《ひと》のためになることをしてほしいね

スパークマンは、ライセンスをつかってお金《かね》をだましとろうとしてるんだよ！

つかい方《かた》

プロダクターライセンスをゲットしてよろこぶスパークマン。**立身出世**《りっしんしゅっせ》して、大《おお》もうけするぞとたくらんでいるようだ。

り

竜頭蛇尾《りゅうとうだび》

意味《いみ》

始《はじ》めは勢《いきお》いがよいが、終《お》わりのほうは勢《いきお》いがなくなることのたとえ。

関連《かんれん》する言葉《ことば》

似 頭《あたま》でっかち尻《しり》すぼみ

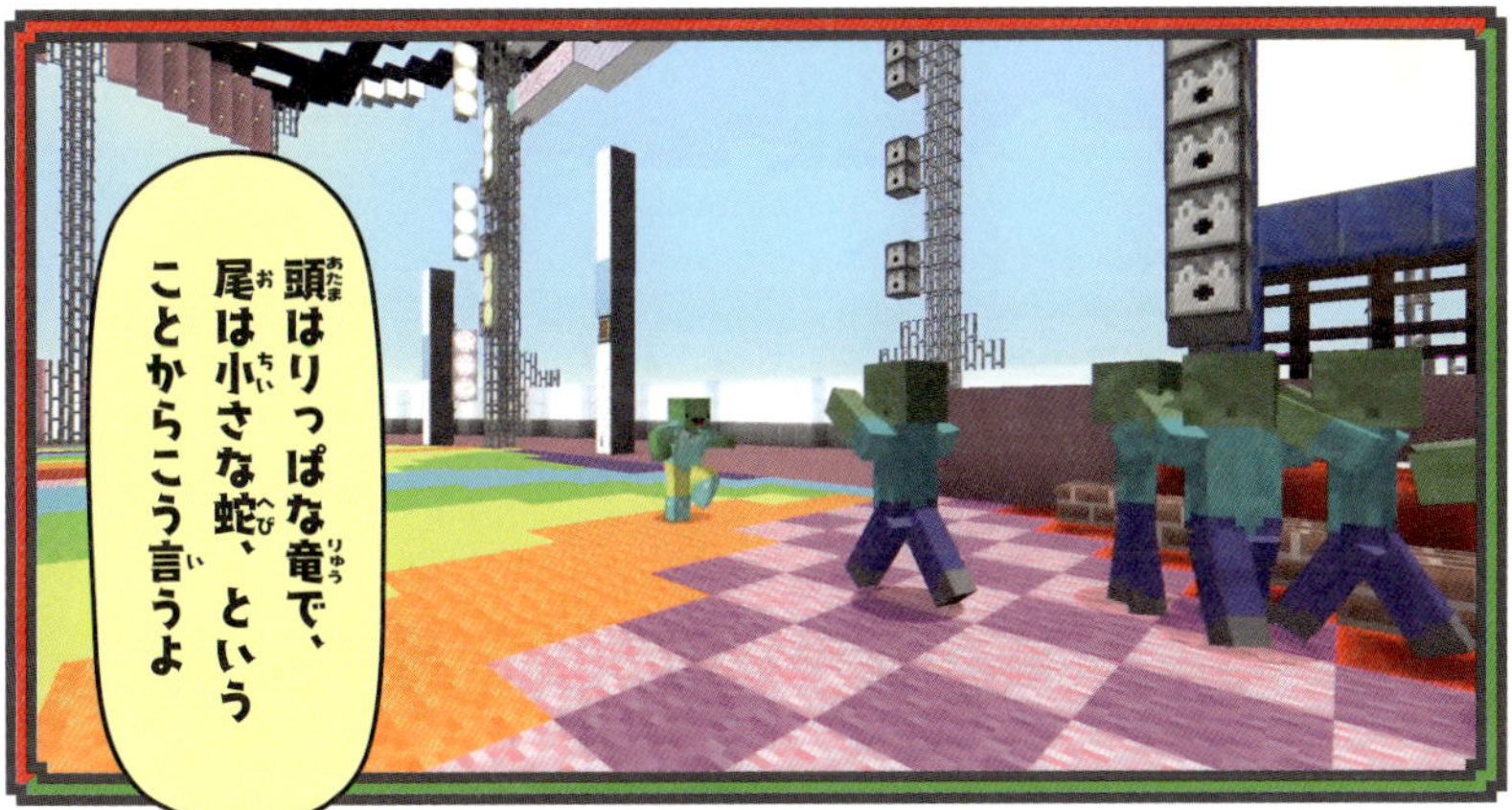
頭《あたま》はりっぱな竜《りゅう》で、尾《お》は小《ちい》さな蛇《へび》、ということからこう言《い》うよ

つかい方《かた》

ダンスしながらゾンビをたおすマイッキー。攻撃《こうげき》しながらだと、ダンスのほうは竜頭蛇尾《りゅうとうだび》に終《お》わってしまった。

り

臨機応変《りんきおうへん》

意《い》味《み》

思《おも》いがけないできごとがあっても、その場《ば》にもっとも合《あ》ったやり方《かた》をすること。

関連《かんれん》する言葉《ことば》

似　変幻自在《へんげんじざい》　融通無碍《ゆうずうむげ》

対　四角四面《しかくしめん》　杓子定規《しゃくしじょうぎ》

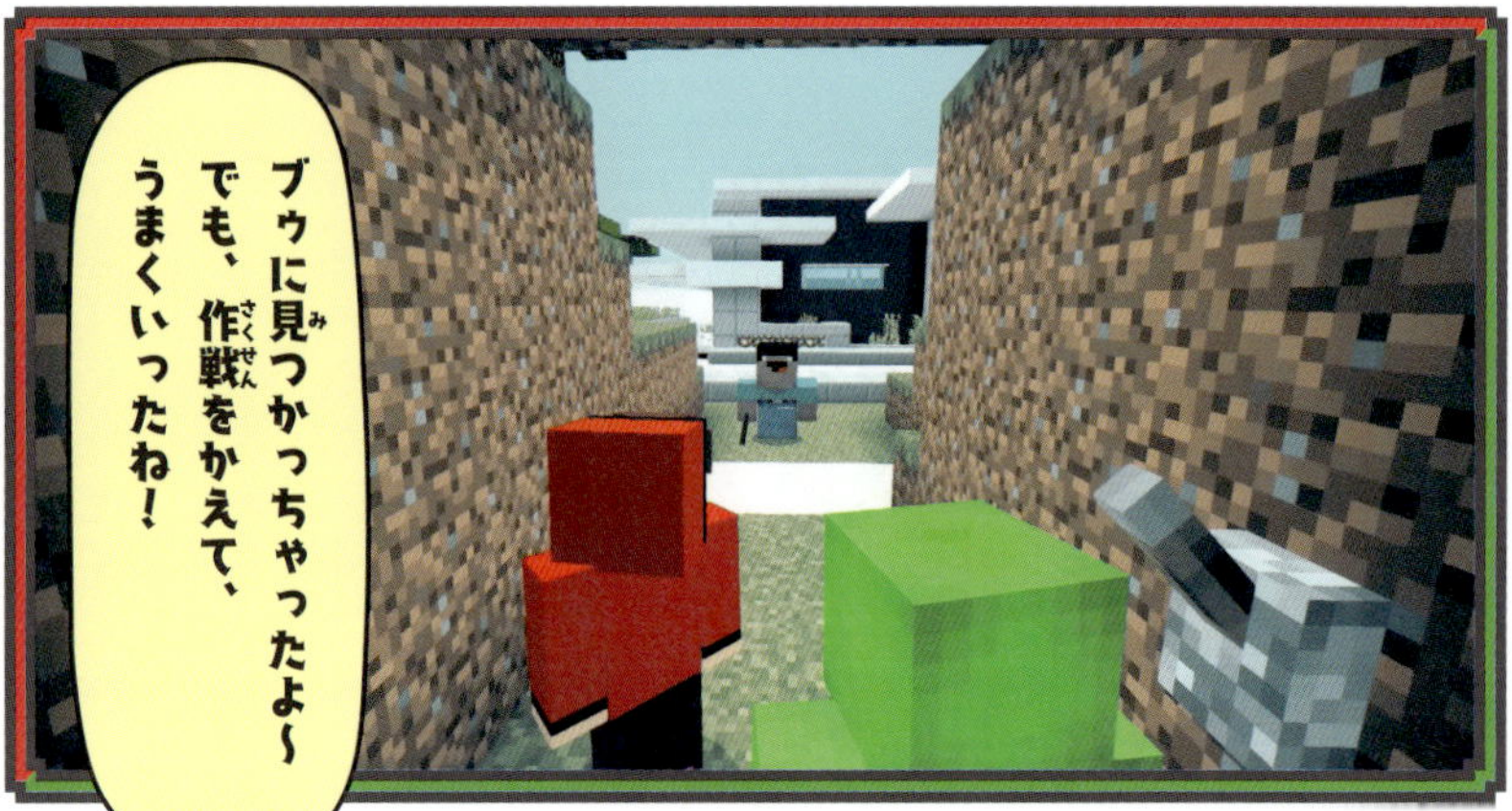
ブゥに見《み》つかっちゃったよ～
でも、作戦《さくせん》をかえて、
うまくいったね！

つかい方《かた》

ブゥの家《いえ》からこっそり脱出《だっしゅつ》するプランA《エー》がしっぱいして、追《お》いつめられた！　ここは**臨機応変**《りんきおうへん》にプランB《ビー》の作戦《さくせん》に変更《へんこう》だ。

り

ろ

老若男女《ろうにゃくなんにょ》

意《い》味《み》

老人《ろうじん》も若者《わかもの》も男《おとこ》も女《おんな》も。すべての人《ひと》。

花咲病《はなさきびょう》になると、体《からだ》が青《あお》くなって、1週間《しゅうかん》で死《し》んでしまうんだ

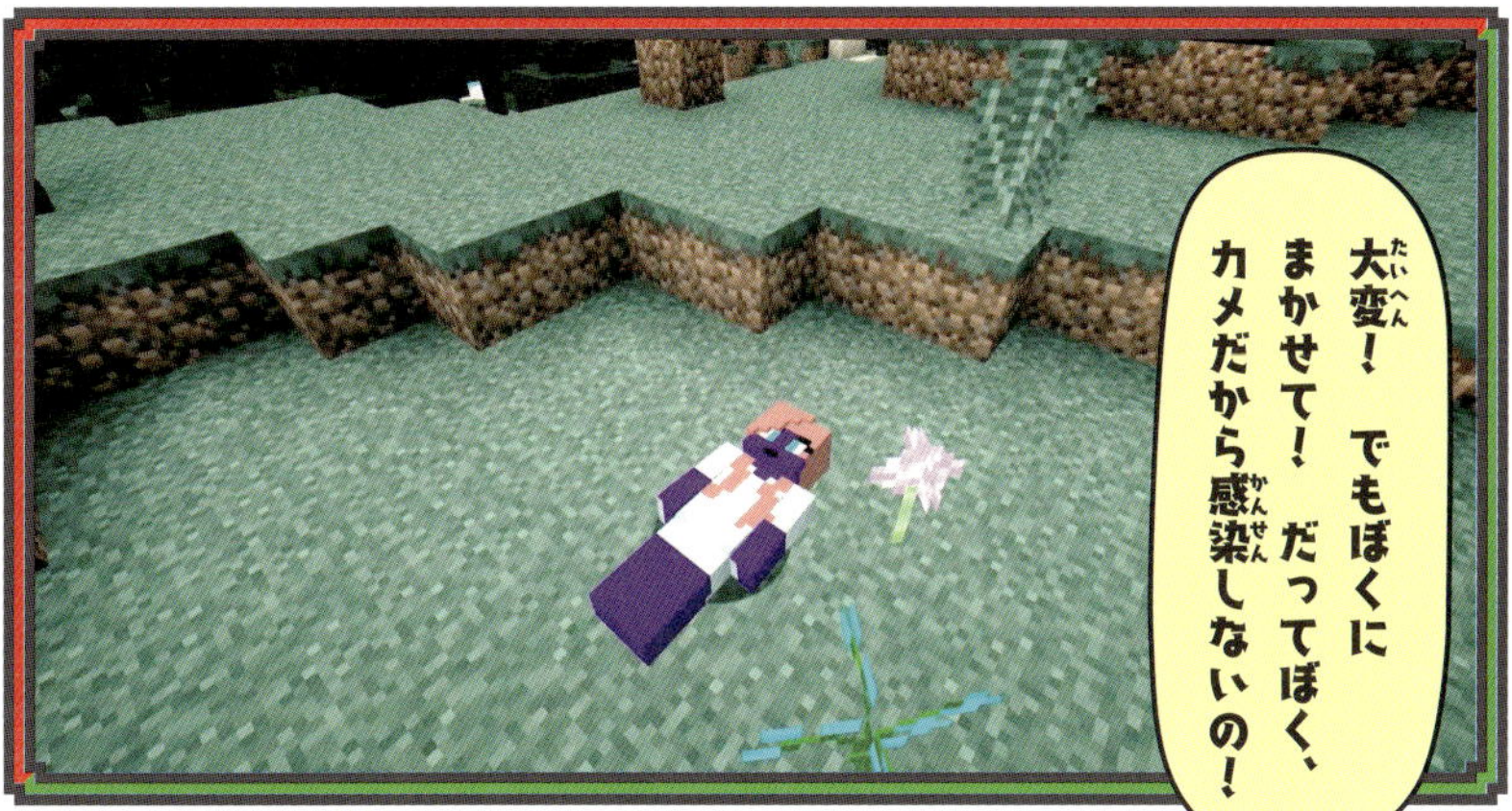

大変《たいへん》！ でもぼくにまかせて！ だってぼく、カメだから感染《かんせん》しないの！

つかい方《かた》

花咲病《はなさきびょう》は老若男女《ろうにゃくなんにょ》を問《と》わずに感染《かんせん》するおそろしい病気《びょうき》だ。人類《じんるい》をすくうために、ぜんいちとマイッキーが立《た》ち上《あ》がる！

他《ほか》にもあるよ　四字熟語《よじじゅくご》

他《ほか》にもこんな四字熟語《よじじゅくご》があるよ！
聞《き》いたことあるかな？

金科玉条《きんかぎょくじょう》

人《ひと》が絶対的《ぜったいてき》なよりどころとして大切《たいせつ》にするべきものごとや決《き》まり。

悪事千里《あくじせんり》

悪《わる》い行《おこな》いやうわさは、すぐに広《ひろ》まるということ。

古今東西《ここんとうざい》

昔《むかし》から今《いま》までの、あらゆる時代《じだい》と場《ば》所《しょ》のこと。いつでもどこでも。

勧善懲悪《かんぜんちょうあく》

よい行《おこな》いをすすめて、悪《わる》い行《おこな》いをこらしめること。

自問自答《じもんじとう》

自分《じぶん》の気持《きも》ちや考《かんが》えなどを、自分《じぶん》の心《こころ》に問《と》いかけて、自分《じぶん》で答《こた》えること。

百《ひゃっ》家《か》争《そう》鳴《めい》

多《おお》くの人《ひと》がえんりょもなく、意《い》見《けん》を自《じ》由《ゆう》に言《い》い合《あ》うこと。

表《ひょう》裏《り》一《いっ》体《たい》

ふたつのものが、まるで表《おもて》と裏《うら》のようにむすびついて、切《き》りはなせないこと。

不《ふ》老《ろう》不《ふ》死《し》

いつまでも年《とし》をとらず、死《し》なないこと。

利《り》害《がい》得《とく》失《しつ》

自《じ》分《ぶん》の得《とく》になることと損《そん》になること。

抱《ほう》腹《ふく》絶《ぜっ》倒《とう》

おなかをかかえて転《ころ》げ回《まわ》るほど、大笑《おおわら》いすること。

理《り》路《ろ》整《せい》然《ぜん》

話《はなし》や議《ぎ》論《ろん》のすじ道《みち》がきちんと整《ととの》っている様《よう》子《す》。

マグマが上《あ》がってきて大《だい》ピンチ！ でもいつだって、ぜんいちくんは理《り》路《ろ》整《せい》然《ぜん》と対《たい》策《さく》を教《おし》えてくれるんだ！

おわりに

四字熟語《よじじゅくご》を楽《たの》しく学《まな》んでくれたかな？　たった四文字《よんもじ》の言葉《ことば》だけど、どれもとても広《ひろ》い意味《いみ》をあらわしていたね。あれこれ説明《せつめい》しなくても、たとえば「ふたりは以心伝心《いしんでんしん》」と言《い》えば、どれだけ親《した》しい仲《なか》なのかが伝《つた》わるし、「四面楚歌《しめんそか》だ！」と言《い》えば、どれだけピンチな状況《じょうきょう》なのかがパッと伝《つた》わる。短《みじか》くぎゅっと自分《じぶん》の気持《きも》ちや状況《じょうきょう》を表現《ひょうげん》してくれるべんりな言葉《ことば》だよね。

これらはどれも、昔《むかし》からつかわれつづけてきた言葉《ことば》たち。ずっとつかわれているということは、それだけその言葉《ことば》が心《こころ》に響《ひび》き、印象《いんしょう》にのこる人《ひと》が多《おお》い、ということなんだ。四字熟語《よじじゅくご》を、生《い》きる上《うえ》での道《みち》しるべとして、大切《たいせつ》にしている人《ひと》もいるんだよ。

むずかしい漢字《かんじ》や知《し》らない言葉《ことば》も多《おお》かったかもしれないけど、うまい言《い》い方《かた》だなあ、この気持《きも》ちは自分《じぶん》にぴったりだなあと感《かん》じる四字熟語《よじじゅくご》があったら、きみもぜひ、ふだんの会話《かいわ》でつかってみよう。言葉《ことば》を「縦横無尽《じゅうおうむじん》」につかいこなせれば、「老若男女《ろうにゃくなんにょ》」みんなと、もっと深《ふか》くわかりあうことができるはずだ！

おもな参考文献

『四字熟語大百科』深谷圭助監　成美堂出版

『新レインボー小学ことわざ・四字熟語辞典　改訂第 2 版』金田一秀穂監　Gakken

『ドラえもんの国語おもしろ攻略　四字熟語がわかる』山本真吾監　小学館

『マインクラフトでおぼえる　四字熟語 143』Project KK 著　西東社

めざせ！ことば名人使い方 90 連発！（4）『四字熟語』森山卓郎監　ポプラ社

ぜんいち&マイッキーとまなぶ
まいぜんシスターズの 四字熟語

発　行　2024年11月　第1刷
　　　　　2025年 5 月　第2刷

監　修　深谷圭助
漫　画　タナカタケシ
編集協力　内山典子
発行者　加藤裕樹
編　集　上野 萌　勝屋 圭
発行所　株式会社ポプラ社
〒141-8210 東京都品川区西五反田3-5-8
JR目黒MARCビル12階
ホームページ　www.poplar.co.jp
印刷・製本　中央精版印刷株式会社
デザイン　佐藤綾子（Tangerine design）

ISBN978-4-591-18374-8　N.D.C. 814　159p　19cm　Printed in Japan

落丁・乱丁本はお取り替えいたします。
ホームページ（www.poplar.co.jp）のお問い合わせ一覧よりご連絡ください。

読者の皆様からのお便りをお待ちしております。いただいたお便りは監修者にお渡しいたします。

P4900394